从新手到高手系列

新手学采购
从入门到精通

李政 编著

化学工业出版社

·北京·

内容简介

《新手学采购——从入门到精通》是专为采购新手而打造的，分为三个部分。

第一部分为"采购新手适应期"。主要讲述认识自己的岗位、了解企业及制度、采购的业务流程、掌握采购必知信息、采购事务涉及的表单、与采购有关的物料需求计划（MRP）与企业资源计划（ERP）等内容。

第二部分为"采购业务入门期"。主要讲述供应商选择、采购价格确定、采购合同签订与管理、采购订单处理、采购订单的跟催、采购收货作业控制、退货与索赔作业、采购付款、供应商的日常管理、网络采购等内容。

第三部分为"采购业务提升期"。主要讲述降低采购成本、提升采购质量、采购价格降低策略、铺就职业成长之路等内容。

通过对本书的学习，采购新手可以全面掌握采购业务的各项技能，更好地开展采购业务工作。

图书在版编目（CIP）数据

新手学采购：从入门到精通/李政编著． —北京：
化学工业出版社，2021.1
（从新手到高手系列）
ISBN 978-7-122-37827-9

Ⅰ．①新…　Ⅱ．①李…　Ⅲ．①采购-基本知识
Ⅳ．①F713.3

中国版本图书馆CIP数据核字（2020）第185238号

责任编辑：陈　蕾　　　　　　　　　　　装帧设计：尹琳琳
责任校对：赵懿桐

出版发行：化学工业出版社（北京市东城区青年湖南街13号　邮政编码100011）
印　　装：三河市延风印装有限公司
710mm×1000mm　1/16　印张13½　字数242千字　2021年1月北京第1版第1次印刷

购书咨询：010-64518888　　　　　售后服务：010-64518899
网　　址：http://www.cip.com.cn
凡购买本书，如有缺损质量问题，本社销售中心负责调换。

定　　价：58.00元

前言

采购部门是一个企业不可或缺的部门，采购岗位是很多新人向往的职业。但从目前趋势看，采购从业者中，中低端职位人数较多，竞争越来越激烈，未来面临的机会越来越少。即便市场上新增采购职位数量在减少，但仔细分析会发现，减少的都是低端职位。企业对于专业能力强的采购人才从来都是需要的，所以，采购人员应致力于把自己培养成为采购领域的多面手、复合型人才，以在采购市场中站稳脚跟。

但对于刚毕业的大学生，或者从其他职业转行而来的采购新手，要真正把采购业务开展起来却不是那么容易，因为采购并不是简单地把钱花掉，把货买进来。采购是从适当的供应商，在确保适当的品质下，于适当的时间，以适当的价格，获得适当数量的物料或服务所采取的一系列管理活动。许多新人会很茫然，其实这个时候，你更加要注重学习！学习是一个永恒的话题，特别是你进入了新公司，一切都是新的，你在学校里面学的知识，或者是以前的一些经验和技能也许在这个公司不适用，也许一切都要从头再来，所以学习非常必要。新手要时刻保持高昂的学习激情，不断补充知识，提高技能，以适应公司发展，争取获得更多更好的发展机会，为机遇做好准备。

本书就是专为采购新手而打造的。本书内容分为三个部分。

第一部分为"采购新手适应期"，主要讲述认识自己的岗位、了解企业及制度、采购的业务流程、掌握采购必知信息、采购事务涉及的表单、与采购有关的MRP（物料需求计划）与ERP（企业资源计划）等内容。

第二部分为"采购业务入门期"，主要讲述供应商选择、采购价格确定、采购合同签订与管理、采购订单处理、采购订单的跟催、采购收货作业控制、退货与索赔作业、采购付款、供应商的日常管理、网络采购等内容。

第三部分为"采购业务提升期"，主要讲述降低采购成本、提升采购质量、采购价格降低策略、铺就职业成长之路等内容。

通过对本书的学习，采购新手可以全面掌握采购业务的各项技能，更好地开展采购业务工作。

本书具有以下四个特点。

（1）模块清晰。全书分为三大部分，即采购新手适应期、采购业务入门期和采购业务提升期。

（2）内容全面。本书的最大亮点就是把采购新手需要掌握的知识和技能分成三个阶段，循序渐进。

（3）拓展知识丰富。本书提供了大量的流程和图表，以直观的形式展示相关内容，便于读者阅读和学习。此外，书中还设置了"范本""实例""温馨提示"等栏目，对相关内容进行了丰富和拓展，为读者提供了有价值的信息。

（4）实操性强。由于现代人们工作节奏快、学习时间有限，本书尽量做到去理论化、注重实操性，以精确、简洁的方式描述知识点，最大限度地满足读者希望快速掌握采购业务技能的需求。

由于笔者水平有限，书中难免会出现疏漏与缺憾之处，敬请读者批评指正。

编著者

目录

第一部分 采购新手适应期

刚毕业的大学生，或者从其他职业转行而来的采购新手，进入采购行业后都会有一段适应期，这段时间把握得好，能很快适应工作的节奏，尽快胜任自己的岗位并取得快速成长和提高。在这一适应期，采购新手应对企业文化和工作制度加以了解，更多的是要清楚采购岗位需要具有哪些能力和具体负责的工作及业务程序。采购新手要明确自己的岗位要求，并针对这些要求，检视自己的能力是否具备，对于那些尚有差距的部分，自己要"苦练内功"，进行相应的提高。

第1章　认识自己的岗位·····················002

1.1　了解工作岗位大致情况·····················002

1.2　了解岗位工作程序和工作流程·····················003

1.3　了解采购岗位的工作要求·····················003

1.4　了解岗位前任离职的原因·····················004

1.5　了解采购岗位业绩如何考核·····················004

第2章　了解企业及制度·····················010

2.1　了解企业的基本资料·····················010

2.2 了解企业的组织架构 ·· 010

2.3 了解企业的采购领导制度 ··· 011

2.4 了解采购部的隶属关系 ·· 013

2.5 了解企业的规章制度 ··· 016

2.6 熟悉公司的产品 ·· 018

2.7 了解采购部门的协调关系 ··· 018

第3章 采购的业务流程 ·· 022

3.1 企业生产经营活动的流程 ··· 022

3.2 采购业务过程模式 ··· 023

3.3 企业采购作业流程 ··· 024

3.4 采购员个人岗位作业流程 ··· 026

第4章 掌握采购必知信息 ·· 029

4.1 采购信息的作用 ·· 029

4.2 采购信息的类别 ·· 029

4.3 采购信息的内容 ·· 030

4.4 采购信息的搜集方法 ·· 031

4.5 采购信息的搜集步骤 ·· 032

4.6 采购信息的运用 ·· 033

第5章 采购事务涉及的表单 ···································· 034

5.1 采购计划涉及表单 ··· 034

5.2 采购申请常用表单 ··· 035

5.3 订购单 ··· 037

5.4 其他辅助性单据 ·· 039

第6章 与采购有关的MRP与ERP ······························ 040

6.1 MRP系统与采购 ·· 040

6.2 ERP系统下的采购模块 ··· 043

02

第二部分　采购业务入门期

大部分的工作都有一个熟能生巧的过程，只要经常练习，多做准备，相应地就会越来越熟练，岗位的适应能力也就会越来越强，采购业务的开展也是如此。采购新手们可以按照本部分所介绍的业务内容，一步一个脚印、踏踏实实地做好每件事。当各项业务操作过几次后，就一定能够达到熟能生巧的地步，也为将来业绩的提升打好坚实的基础。

第7章　供应商选择 ·· 046

7.1　收集供应商的资料 ······························· 046

7.2　样品确认 ·· 049

7.3　对供应商进行现场审核 ························· 051

7.4　对供应商进行综合分析、评估 ··············· 055

7.5　确定供应商 ··· 059

第8章　采购价格确定 ·· 061

8.1　调查采购价格 ······································ 061

8.2　制定采购底价 ······································ 062

8.3　询价 ·· 065

8.4　处理供应商的报价 ································ 069

8.5　采购价格磋商 ······································ 074

第9章　采购合同签订与管理 ·································· 077

9.1　拟订采购合同 ······································ 077

【范本】××股份有限公司采购合约 ··········· 080

9.2　采购合同提交审批 ································ 089

9.3　采购合同签订 ··· 089

9.4　采购合同的修改 ·· 089

9.5　采购合同的取消 ·· 090

9.6　合同的终止 ··· 091

第10章　采购订单处理 ·· 093

10.1　请购的确认 ·· 093

10.2　采购订单准备 ·· 097

10.3　选择本次采购的供应商 ·· 098

10.4　签订订单 ··· 099

10.5　执行订单 ··· 102

10.6　小额请购的处理 ·· 102

10.7　紧急订单的处理 ·· 103

10.8　采购订单的传递和归档 ·· 104

第11章　采购订单的跟催 ·· 106

11.1　对采购催货进行规划 ·· 106

11.2　规定合适的前置期 ·· 108

11.3　下订单阶段就要跟催 ·· 109

11.4　要确认供应商能否顺利生产 ·· 111

11.5　要追查供应商是否顺利进行生产 ·· 112

11.6　供应商交货后也要跟催 ·· 114

11.7　跟催中的注意细节 ·· 115

第12章　采购收货作业控制 ·· 116

12.1　做好验收准备 ·· 116

12.2　采购物品验收 ·· 116

12.3 粘贴验收标签 ·· 118

12.4 发还文件 ··· 118

12.5 验收结果处理 ·· 118

第13章 退货与索赔作业 ··· 120

13.1 国内采购的退货与索赔 ··· 120

13.2 国外采购的退货与索赔 ··· 120

第14章 采购付款 ··· 122

14.1 采购常规付款 ·· 122

14.2 采购预付款 ··· 124

14.3 采购发票的审核 ·· 125

第15章 供应商的日常管理 ·· 127

15.1 供应商档案归档 ·· 127

15.2 与供应商建立双向沟通 ··· 128

15.3 要随时监视供应商的交货状况 ·· 129

15.4 及时处理供应商品质抱怨 ·· 132

15.5 来料后段重大品质问题处理 ··· 134

15.6 定期评估供应商 ·· 136

【范本】供应商考核类别及要求 ··· 140

15.7 防止供应商垄断 ·· 143

第16章 网络采购 ··· 145

16.1 网络采购必备知识 ·· 145

16.2 网络供应商的管理 ·· 146

16.3 网络交易安全管理 ·· 152

03

第三部分　采购业务提升期

采购新手经过一段时间的业务入门实践之后，要有目标地提升自己的业务能力，使自己的业绩不断攀升。作为一个不断成熟的采购员，必须不断关注采购成本的降低、采购质量的控制、采购价格降低的策略，在业务上精益求精，为企业业绩贡献自己的力量。同时，采购员若要铺就职业成长之路，就必须了解采购员的职业发展路径及企业中采购职能的层次，从而不断学习以提升自己，并且关注工作的细节。

第17章　降低采购成本 ·· 158

17.1　两种成本观 ·· 158

17.2　采购成本分析 ·· 162

17.3　对报价单进行价值分析 ·· 165

17.4　要慎重考虑库存水平 ·· 169

第18章　提升采购质量 ·· 173

18.1　适当品质的观念 ··· 173

18.2　有关质量的看法 ··· 174

18.3　品质检验 ··· 176

18.4　供应商合约控制 ··· 179

　　【范本】质量保证协议 ··· 179

18.5　认可第三方权威机构的品质验证 ································· 181

第19章　采购价格降低策略 ·· 183

19.1　供应商变动成本策略 ·· 183

19.2　互买优惠采购策略 ·· 184

19.3　改善采购路径策略 ·· 187

19.4 了解对方意图策略 ………………………………………………… 188

19.5 价格核算策略 …………………………………………………… 188

19.6 困境采购策略 …………………………………………………… 189

19.7 统一订购策略 …………………………………………………… 190

19.8 共同订货策略 …………………………………………………… 191

第20章 铺就职业成长之路 …………………………………………… 192

20.1 采购员的提升路径 ……………………………………………… 192

20.2 企业中采购职能的层次 ………………………………………… 192

20.3 不断学习提升自己 ……………………………………………… 194

20.4 以细节致胜——成就优秀 ……………………………………… 198

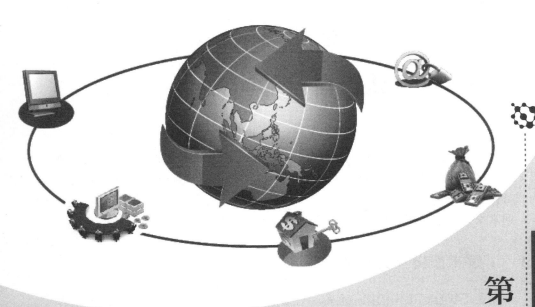

第一部分　采购新手适应期

导言

　　刚毕业的大学生，或者从其他职业转行而来的采购新手，进入采购行业后都会有一段适应期，这段时间把握得好，能很快适应工作的节奏，尽快胜任自己的岗位并取得快速成长和提高。在这一适应期，采购新手应对企业文化和工作制度加以了解，更多的是要清楚采购岗位需要具有哪些能力和具体负责的工作及业务程序。采购新手要明确自己的岗位要求，并针对这些要求，检视自己的能力是否具备，对于那些尚有差距的部分，自己要"苦练内功"，进行相应的提高。

第 ① 章

认识自己的岗位

作为一名员工，应该明白，工作表现得好坏，在于职责范围内工作完成的情况如何。因此，想要有好的业绩，想要赢得领导的重视，采购新手首先要对自身的职务内容有充分的了解。

通常来说，采购新手可以从以下几方面了解自己的工作岗位。

1.1 了解工作岗位大致情况

你需要了解自己工作的岗位名称、性质、意义和价值，认清自己的工作内容和工作范围，自己的岗位需要掌握哪些业务知识、基本技能和现代技术方法。

有些企业有明确的职位说明书，详细规定了职务的内容；有些企业则没有，而是由上司口头传达。此时，你最好能逐项记录工作项目，以便自身能清楚地把握。

职位说明书是一份提供有关任务、职责信息的文件（工作的内容是什么），也就是对有关工作职责、工作活动、工作条件以及工作对人身安全危害程度等工作特性方面的信息所进行的书面描述。

职位说明书的另外一部分是关于工作责任和工作任务的详细罗列。工作说明书中还应当界定工作承担者的权限范围，包括决策的权限、对其他人实施监督的权限及经费预算的权限等。表1-1为某企业的采购员职位说明书。

表1-1　某企业的采购员职位说明书

岗位名称	采购员	直接上级	采购部经理
岗位职责	1.根据采购计划完成物料采购前期准备工作 （1）根据"月份采购计划表"制定采购进度表 （2）根据库存对异常现象进行分析，及时调整采购计划，不得超过库存，造成积压 （3）根据"采购进度表"购进各工厂当月生产需要原料 （4）对非常规物料严格控制采购，特别是进口物料、季节性物料 2.负责物料的采购工作 （1）全过程完成采购物料的订单制作、订单签订、进货、退货、跟催工作 （2）完成采购物料入库结算手续		

新手学
采购
从入门到精通

岗位职责	（3）负责工厂间的物料调节工作 （4）处理物料的退货、索赔事项 3.负责物料信息采集工作 （1）对采购物料的资料、供应商资料进行整理、归档 （2）做好对采购物料的质量信息、价格信息、供应动态信息的采集工作 （3）做好采购物料的市场调研工作，掌握物料信息 （4）完成物料的托运和结算工作 4.负责物料到达前的相关问题和信息查询 （1）负责物料到达后与港、站方的交接和理货 （2）负责对物料的托运工作进行具体操作 （3）负责发运产品现场的理货、发货及其他需与各方协调的工作 （4）负责与运输方、接收方核对产品数量
岗位能力 要求	（1）专业技术能力：熟悉采购产品性能、质量标准、结构、用途的能力 （2）沟通能力：明确部门需求，沟通采购交期、市场行情等相关信息的能力 （3）目标计划能力：明确部门采购目标，编制采购计划和采购预算的能力 （4）供应商管理能力：搜寻、开拓、维护、管理供应商的能力 （5）谈判能力：依据公司需求，与供应商在价格、交期、质量等方面的谈判能力 （6）汇报能力：填写各类相关单据，完成采购台账、统计报表和分析报告的能力

1.2　了解岗位工作程序和工作流程

在任何一个单位，部门与部门之间、岗位与岗位之间都会发生各种各样的工作关系，并需要进行协作和配合，所以，就要把这种工作行为固定下来，成为一种规范，这种规范就是工作程序。大多数单位的日常工作行为和正常工作秩序都用相关文件规范下来，并要求员工贯彻执行。比如一般单位的请假程序都会规定：什么情况下可以请假、向谁请假、如何请假、哪个岗位可以批几天假等，每个员工都要按照这个程序请假。

工作程序组成工作流程，小流程又组成大流程。采购员对这些工作程序和工作流程要加以了解，否则就不能严格按单位的管理模式运作，也不能确保工作与生产的高效。

1.3　了解采购岗位的工作要求

单位和上司对这个岗位的工作期待是什么？如所期待的工作态度、工作要求、工作标准、价值观、行为方式等，采购员要了解和掌握它们，越快越好。这样，采购员才能使自己的行为与单位的期待吻合和保持一致，从而加快领导、同事对自己认可、认同的心理过程，使他们感受到你已经成为他们中间的一员。

1.4　了解岗位前任离职的原因

采购员还可以了解你的工作岗位的前任发生了什么情况。如果这个人已经提升，就弄清楚是什么原因使他提升，从这里就可以知道，新单位对担任这项工作的人期望的是什么；如果此人被解雇，就可以知道哪些事不该做。

1.5　了解采购岗位业绩如何考核

有人以为只有业务员才有业绩考核，其实，采购员也同样有业绩考核的压力。因为采购成本是企业的主要成本之一，如果成本降低了，就相当于赚钱了，所以，现在的采购员并不是如人想象的"拿钱买货"那么简单，那么好做，企业总是希望你所采购的物品价格年年都有下降、质量不断上升、交货期能有保证、不影响生产。而且，目前许多企业都在推行采购绩效评估，以期降低采购成本、提高采购员的工作业绩。那么，作为采购员，你就有必要了解采购绩效评估的指标，以及由哪些人来评估、如何评估，这样才能使自己在绩效评估中不至于等级太低。

1.5.1　采购绩效评估的指标

采购员在其工作职责上，必须达成 5R，即 Right Time——适时、Right Quantity——适量、Right Quality——适质、Right Price——适价及 Right Place——适地，因此，其绩效评估自应以此"5R"为中心，并以数量化的指标作为衡量绩效的尺度。

（1）品质绩效。采购的品质绩效可由验收记录及生产记录来判断。前者是指供应商交货时，为公司所接收（或拒收）的采购项目数量或比例（%）；后者则是指交货后，在生产过程中发现品质不合格的项目数量或比例（%）。其计算公式如下。

进料验收指标＝合格（或拒收）数量÷检验数量

在制品验收指标＝可用（或拒用）数量÷使用数量

若以进料品质管制抽样检验的方式，则在制品品质管制中发现品质不良的比例，将比采用全部检验的方式高。拒收或拒用比例越高，显示采购员的品质绩效越差，因为没有能找到理想的供应商。

（2）数量绩效。当采购员为争取数量折扣，以达到降低价格的目的时，却可能导致存货过多，甚至发生呆料、废料的情况。

① 储存费用指标。指现有存货利息及保管费用与正常存货水准利息及保管费用的差额。

② 呆料、废料处理损失指标。指处理呆料、废料的收入与其取得成本的差额。

存货积压利息及保管的费用越高，呆料、废料处理的损失越大，显示采购员的数量绩效越差。不过此项数量绩效，有时受到公司营业状况、物料管理绩效、生产技术变更或投机采购的影响，所以并不一定完全归咎于采购员。

（3）时间绩效。这项指标用以衡量采购员处理订单的效率，以及对于供应商交货时间的控制。延迟交货，固然可能形成缺货现象，但是提早交货，也可能导致买方负担不必要的存货成本或提前付款的利息费用。

① 紧急采购费用指标。指紧急运输方式（如空运）的费用与正常运输方式的费用的差额。

② 停工断料损失指标。指停工期间作业人员的薪资损失。

事实上，除了前述指标所显示的直接费用或损失外，尚有许多间接的损失。例如，经常停工断料，造成顾客订单流失；作业员离职，以及恢复正常作业的机器必须做出的各项调整（包括温度、压力等）。紧急采购会使采购品的价格偏高，品质欠佳，也会产生为赶进度而额外支付的费用，这些费用与损失，通常都未在此项绩效指标内加以估算。

（4）价格绩效。价格绩效是企业最重视及最常见的衡量标准。透过价格绩效，可以衡量采购员的议价能力及供需双方势力的消长情形。

采购价差的指标，通常有下列数种。

① 实际价格与标准成本的差额。

② 实际价格与过去移动平均价格的差额。

③ 比较使用时的价格和采购时的价格的差额。

④ 将当期采购价格和基期采购价格的比率，与当期物价指数和基期物价指数的比率相互比较。

（5）采购效率（活动）指标。以上品质、数量、时间及价格绩效，是就采购员的工作效果（Effectiveness）来衡量的，另可就其效率（Efficiency）来衡量。

下列各项指标可衡量在达成采购目标的过程中的各项活动水准或效率。

① 采购金额。

② 采购金额占销货收入的比例（%）。

③ 订购单的件数。

④ 采购员的人数。

⑤ 采购部门的费用。

⑥ 新供应商开发数量。

⑦ 采购完成率。

⑧ 错误采购次数。

⑨ 订单处理的时间。

由采购活动水准上升或下降，不难了解采购员工作的压力与能力，这对于改善或调整采购部门的组织与人员，将有很大的参考价值。

1.5.2　采购绩效评估的人员

采购绩效评估的人员如图1-1所示。

采购部门主管　　由于采购主管对管辖的采购员最熟悉，且所有工作任务的指派，或工作绩效的好坏，均在其直接督导之下，因此由采购主管负责评估，可以注意人员的个别表现，并兼收监督与训练的效果

会计部门或财务部门人员　　会计部门或财务部门不但掌握公司的产销成本数据，对资金的取得与付出也作全盘管制，因此对采购员的工作绩效，往往参与评估

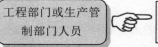工程部门或生产管制部门人员　　如果采购项目的品质及数量对企业的最终产出影响重大时，有时会由工程或生产管制员评估采购员的绩效

供应商　　有些公司通过正式或非正式渠道，向供应商探询其对于采购员的意见，以间接了解采购作业的绩效和采购员的素质

外界的专家或管理顾问　　为避免公司各部门之间的"本位主义"或"门户之见"，公司也可能特别聘请外界的采购专家或管理顾问，针对全盘的采购制度、组织、人员及工作绩效，做出客观的分析与建议

图1-1　采购绩效评估的人员

1.5.3　采购绩效评估的方式

采购员工作绩效的评估方式，可分为定期的评估及不定期的评估。

（1）定期的评估。定期的评估是配合公司年度人事考核制度进行的。一般而言，以"人"的表现，如工作态度、学习能力、协调精神、忠诚程度为考核内容，对采购员的激励及工作绩效的提升并没有太大大作用。但如果以目标管理的方式，即从各种工作绩效指标中，选择当年重要性比较高的项目中的几个定为目标，年终按实际达成程度加以考核，则可以提升个人或部门的采购绩效。

（2）不定期的评估。不定期的评估，是以专案方式进行的。例如，公司要求某项特定产品的采购成本降低10%，当设定期限结束时，评估实际的成果是否高于或低于10%，并就此成果给予采购员适当的奖惩，这种不定期的绩效评估方式，往往适用于新产品开发计划、资本支出预算、成本降低专案等。

具体到某个企业，通常会制定采购员绩效考核方案，作为采购员你要仔细地去研读，因为这既关乎你的绩效工资，也关乎你以后的职业发展。作为新入职的员工一定要了解本岗位的绩效标准，以便努力去达成这一标准。表1-2提供某公司的采购员年度工作情况考核评价表，供参考。

表1-2　某公司的采购员年度工作情况考核评价表

（考核对象：采购主管、采购员）

工作岗位：采购员		岗位人员：		考核时间：				
一、关键绩效指标考核（60分）								
考核项目（权重）	考核内容	资料来源	目标值	评分规则/标准	自评	同级	上级	得分
新开发供应商数量（12分）	当月开发供应商数量	采购	3	每增加1家，得分加10%；每减少1家，得分减10%，最低减至50%				
订单处理时间（7分）	完成物资采购的平均时间	采购	≤5天	每增加1天，得分减10%；每减少1天，得分加10%，最低减至50%				
采购完成率（7分）	完成采购单项次/采购总项次×100%	采购	98%	每增加0.5%，得分加10%；每减少0.5%，得分减10%，最低减至50%				
采购出错频次（10分）	错误采购次数	PPC（采购计划控制）	≤3次	每减少1次，得分加10%；每增加1次，得分减10%，最低减至50%				

一、关键绩效指标考核（60分）								
考核项目（权重）	考核内容	资料来源	目标值	评分规则/标准	自评	同级	上级	得分
原材料交货批次合格率（12分）	合格批次/交货批次×100%	IQC（来料质量控制）	97%	每增加2%，得分加10%；每减少2%，得分减10%，最低减至50%				
原材料交期批次及时率（12分）	及时批次/交货批次×100%	PPC	96%	每增加2%，得分加10%；每减少2%，得分减10%，最低减至50%				

二、本年重要交办事项完成情况考核（10分）								
考核项目（权重）	考核内容	资料来源	目标值	评分规则/标准	自评	同级	上级	得分
上级交办事项（10分）	在要求时间内完成	经理	按时完成	每延迟1次扣2分				

三、综合素质考核（30分）						
考核项目（分值）		自评	同级	上级	得分
专业知识及学习能力（6分）	熟悉本专业的专业知识、技能、工作要求和程序（2分）				
	规范完成工作报表及报告（2分）				
	学习能力强，专业知识和综合素质不断提升（2分）				
领导能力（6分）	给予下级（属）及时的激励，获得下属的尊重和肯定（2分）				
	公平公正，有效分配工作，并授予下级（属）相应的权利和责任（2分）				
	有效监督工作，下级（属）犯错能主动承担相应的责任（2分）				
组织协调能力（4分）	能够将公司的战略细化为本部门的具体目标，制定的工作目标和完成期限明确且可行性强（1分）				
	有效制订工作计划并准确确定完成各项工作所需的资源（1分）				
	根据工作的轻重缓急合理安排并有序展开工作（1分）				
	能有效协调组织内外的关系，顺利达成工作目标（1分）				

三、综合素质考核（30分）			自评	同级	上级	得分
考核项目（分值）			自评	同级	上级	得分
判断决策能力（3分）	对出现的问题迅速做出准确的判断（1分）					
	做出决策的同时能够考虑到其他可能的后果（1分）					
	见微知著，对隐患立即采取措施，防患未然（1分）					
工作责任感（3分）	对自己的工作及本部门员工的工作要求严格，能主动对自己的工作失误承担责任（1分）					
	能积极提出合理化建议并具可行性（1分）					
	有较强的成本意识，能有效控制各项经费（1分）					
纪律性（8分）	全勤并自觉遵守和维护公司各项规章制度（8分）					
	无迟到、早退，有病事假不超过2天，并能遵守公司规章制度，但需要有人督导（6～7分）					
	1次以上迟到、早退，有病事假2～5天，但上班后工作兢兢业业（4～5分）					
	1次以上迟到、早退，有病事假2～5天，未刷卡1次，纪律观念不强，偶尔违反公司规章制度（2～3分）					
	2次以上迟到、早退，有病事假超过5天，未刷卡3次，经常违反公司制度，被指正时态度傲慢（1分）					

自评分数：　　　　　　同级分数：　　　　　　　　　上级分数：

被考核人签署：　　　　评定得分：　　　　　　　　　评定人签署：

注：1.评分采取缺失项扣分制，扣完为止。

2.评定得分的公式＝自评分数×10%＋同级分数×10%＋上级分数×80%。

3.在绩效考核中有弄虚作假、夸大绩效者，取消当年考评资格。

第 ② 章
了解企业及制度

2.1 了解企业的基本资料

作为采购新手，进入一个企业，必须对自己所要服务的企业的基本资料有一个比较确切的了解，这对你处理同事关系、回答供应商问询、做好采购工作会有很大的帮助。

（1）本企业的发展简史、主要大事记。

（2）本企业的经营特色。

（3）本企业各项设施的状况、产品的特色等。

（4）企业内各部门的主要功能、工作职责、经理的姓名、办公室的位置和电话。

（5）本企业的服务宗旨、服务风格。

（6）本企业的LOGO（商标）、BI（行为识别）形象规范。

（7）企业周围的车站名称及位置，经过哪些公交车，企业距离火车站、码头、机场的距离及交通方法。

（8）企业周围的标志性建筑等。

2.2 了解企业的组织架构

组织架构是企业的全体成员为实现组织目标，在管理工作中进行分工协作，在职务范围、责任、权力方面所形成的结构体系。通过组织架构，你可以了解以下内容。

（1）个人自身的工作权责及与同事工作的相互关系，权责划分。

（2）公司中上司与下属的关系，应遵从何人的指挥，须向谁报告。

（3）员工升迁渠道，建立自己的事业目标。

作为采购新手，理所当然地要对采购部的组织架构有充分的了解，不同规模的企业，其采购部职位设置也有所不同。

2.2.1　中小型企业采购部组织架构

中小型企业采购部组织架构如图2-1所示。

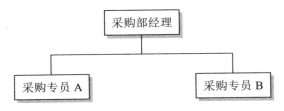

图2-1　中小型企业采购部组织架构示例

2.2.2　大型企业采购部组织架构

大型企业采购部组织架构如图2-2所示。

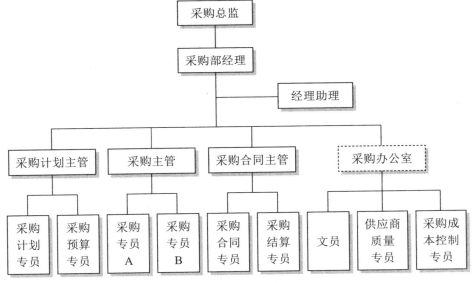

图2-2　大型企业采购部组织架构示例

2.3　了解企业的采购领导制度

采购领导制度，即采购决策制度，按采购什么、采购多少、什么时候采购等决策权属于哪一级来划分领导制度，具体有三种。

2.3.1 分权式

分权式即将采购相关的职责与工作，分别授予不同的部门来执行。

（1）物料或商品由制造部门或销售部门来拟订。

（2）采购工作则可能由采购部门或商品部门掌管。

（3）库存的责任则可能归属销售部门。

分权式的组织方式，采购部门只承担整个物料管理中的一部分功能与责任，也就是将有关物料或商品需求计划、采购及库存的主管部门，分属不同的指挥系统，比如采购部门隶属行政部或管理部，物料或商品需求计划部门隶属制造部或销售部，仓储部门隶属资材部或厂务部。

分权式采购组织架构示意图如图2-3所示。

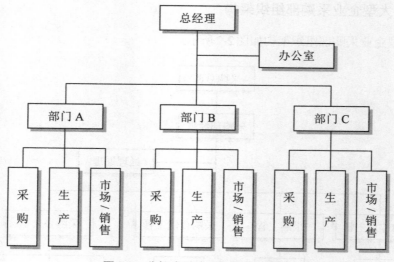

图2-3 分权式采购组织架构示意图

2.3.2 集权式

集权式即将采购相关的职责或工作，集中授予一个部门来执行，适用于小企业或分公司（分厂）较集中的企业采用。

（1）从整体观点处理各项作业，大幅降低物料总成本。

（2）统筹供需，增强采购能力，提升存量管制绩效。

（3）指挥系统单一化，各物料部门间的沟通与合作获得改善。

（4）物料作业系统制度化与合理化，减低管理费用。

集权式采购组织架构示意图如图2-4所示。

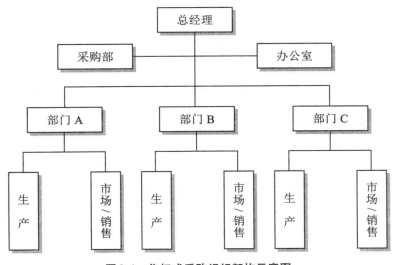

图2-4 集权式采购组织架构示意图

2.3.3 混合式

若企业的分公司（分厂）所需的物品相同，且采购金额较大时，由总公司统一采购，对于各分公司间有差异的、金额较小的、临时性采购的物品由分公司自行采购。这样，一方面能使采购资金较合理地统一管理；另一方面能调动各分公司的积极性，及时满足经营的需要。

2.4 了解采购部的隶属关系

采购部隶属的部门不一样，其职责与权限也不一样，作为采购新手，在入职之后，一定要了解采购部到底归属哪个部门管。

2.4.1 采购部隶属于生产部门

采购部隶属于生产部门，其主要职责是协助生产工作顺利进行。因此，采购工作的重点是提供足够数量的物料以满足生产上的需求，至于议价的功能则退居次要地位。而生产控制、仓储工作等另归其他单位负责，并未归入采购部的职能中。这种情形通常在"生产导向"的企业较多见，其采购功能比较单纯，而且物料价格也比较稳定。

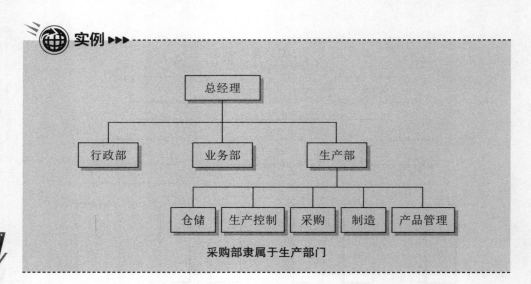

实例 ▶▶▶

采购部隶属于生产部门

2.4.2　采购部隶属于行政部门

采购部隶属于行政部门，其主要功能是获得较佳的价格与付款方式，以达到财务上的目标。有时采购部为了取得较好的交易条件，难免延误生产部门用料的时机，或购入品质不尽理想的物料，不过采购部独立于生产部门之外，比较能发挥议价的功能。该类型的采购部常见于生产规模庞大，物料种类繁多，价格经常需要调整，采购工作必须兼顾整体企业产销利益均衡的企业。

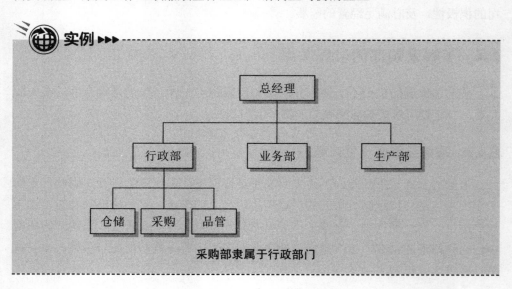

实例 ▶▶▶

采购部隶属于行政部门

2.4.3 采购部直接隶属于总经理

采购部直接隶属于总经理，这提升了采购部的地位与执行能力。此时，采购部的主要功能在于发挥降低成本的效益，使采购部成为企业创造利润的另一种来源。该类型的采购部常见于生产规模不大，但物料或商品在制造成本或销售成本所占的比重较高的企业。

实例 ▶▶▶

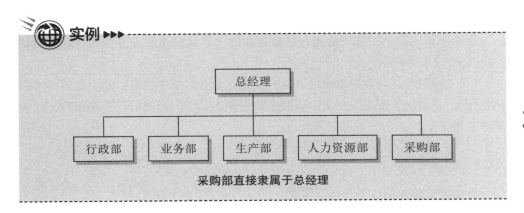

采购部直接隶属于总经理

2.4.4 采购部隶属于资材部门

采购部隶属于资材部（或资料管理部），其主要功能在于配合制造与仓储单位，达成物料整体的控制作业，无特别的角色与职责，有时甚至可能降至附属地位。该类型常见物料需求管制不易，需要采购部经常与其他相关单位沟通的企业。

实例 ▶▶▶

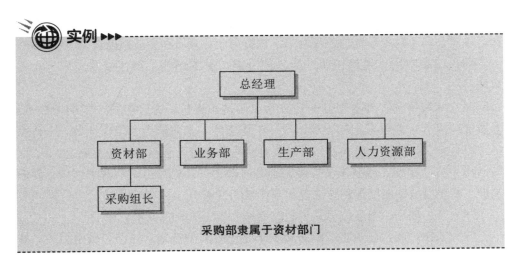

采购部隶属于资材部门

2.5　了解企业的规章制度

要融入一个企业，必须对该企业的文化有所了解，要按照企业的行为规范、工作方式来工作，而不是按照自己的想法来行事。另外，企业里部门多、人员多、工作繁忙，采购员必须树立自觉遵守纪律的思想观念，认真遵守、贯彻执行企业的各项规章制度和工作守则，服从企业对工作的安排和调动。这是统一协调做好工作的前提和保证，是使整个企业工作避免因某个环节出差错而全局混乱的保证。

而对于新入职的采购员而言，了解企业的文化最简便的方法是阅读企业的员工手册和一些规章制度。

"员工手册"是企业规章制度、企业文化与企业战略的浓缩，是企业内的"法律法规"，是员工了解企业形象、认同企业文化的渠道，也是自己工作规范、行为规范的指南。

2.5.1　员工手册

员工手册通常由以下几部分组成。

（1）手册前言。对这份员工手册的目的和效力给予说明。

（2）企业简介。使每一位员工都对公司的过去、现状和文化有深入的了解。可以介绍企业的历史、宗旨、客户名单等。

（3）手册总则。手册总则一般包括礼仪守则、公共财产、办公室安全、人事档案管理、员工关系、客户关系、供应商关系等条款。这有助于保证员工按照公司认同的方式行事，从而达成员工和公司之间的彼此认同。

（4）培训开发。一般新员工上岗前均须参加人力资源部等统一组织的入职培训，以及公司不定期举行的各种培训，以提高业务素质和专业技能。

（5）任职聘用。说明任职开始、试用期、员工评估、调任以及离职等相关事项。

（6）考核晋升。考核晋升一般分为试用转正考核、晋升考核、定期考核等。考核评估内容一般包括指标完成情况、工作态度、工作能力、工作绩效、合作精神、服务意识、专业技能等。考核结果为优秀、良好、合格、延长及辞退。

（7）员工薪酬。薪酬是员工最关心的问题之一。应对公司的薪酬结构、薪酬基准、薪资发放和业绩评估方法等给予详细的说明。

（8）员工福利。阐述公司的福利政策和为员工提供的福利项目。

（9）工作时间。使员工了解公司关于工作时间的规定，往往和费用相关。基本内容是办公时间、出差政策、各种假期的详细规定和相关的费用政策等。

新手学

采购

从入门到精通

（10）行政管理。行政管理多为约束性条款。比如，对办公用品和设备的管理、个人对自己工作区域的管理、奖惩、员工智力成果的版权声明等。

（11）安全守则。安全守则一般分为安全规则、火情处理、意外紧急事故处理等。

（12）手册附件。与以上各条款相关的或需要员工了解的其他文件，如财务制度、社会保险制度等。

2.5.2　企业的采购制度

完善的采购制度可以规范采购员的行为，规范采购作业流程，从而起到规范采购活动的作用。一般而言，采购制度包括（表2-1）但不止于以下内容。

表2-1　采购制度

序号	类别	内容要求
1	采购控制程序	采购控制程序的目的是使采购工作有所依循，完成"5R"的采购职能。其内容包括各部门、有关人员的职责；采购程序要点、采购流程图以及采购的相关文件、相关表格等
2	采购规范	采购规范是指采购人员的行为规范，包括道德要求、品质要求等
3	采购管理办法	采购管理办法是对公司采购流程每一个作业步骤的详细说明
4	采购作业制度	采购作业制度是指采购作业的信息收集、询价采购、比价采购或者是议价采购、供应商的评估和索取样品、选择供应商、签订采购合同、请购、订购、与供应商的协调沟通以及催交、进货验收、整理付款等的相关制度
5	采购作业指导书	采购作业指导书是指对各项采购作业进行指导的文件
6	物资与采购管理系统	这包括物资分类编号、存量控制、请购作业、采购作业、验收作业、仓储作业等的相关制度
7	物资验收管理办法	物资验收管理办法是指明确物资验收的标准、要求和作业程序。其目的是使物资的验收以及入库作业有所依据
8	解决采购争端的制度	解决采购争端的制度包括解决采购争端的要求、解决采购争端的常见方法等

不同公司对制度的叫法可能有些不一样，又因公司规模、采购种类、采购方式不同，而会制定繁简不一的制度，比如有的公司，既有内购，又有外购，则须分别予以制度；有的公司有外协加工，则要制定外协加工制度，而有些没有外协加工的则不需要这些制度。

常见的采购制度包括办公用品采购管理制度、采购价格管理制度、采购进度及交期管理制度、采购招标管理制度等。

2.6 熟悉公司的产品

无论是采购哪一种物料，采购员都必须要对其所欲采购的标的物有基本的认识。一个学化工机械并从事多年化工机械采购的人员因工作需要而转向电子元器件采购，尽管他从事采购已多年，但他仍会感到有些力不从心，如果他想尽快适应新角色就必须及时补充有关电子元器件方面的知识，补充的途径很多，如自学、参加相关专业培训班等。一些采购员认为，采购员不是做研究开发的，而且往往有本企业工程技术人员及品管人员的协助，所以，不需掌握太多的专业知识，持有这种观点的采购员必须认识到那些可以支持你的工程技术人员及品管人员并不是时时刻刻在你的左右，况且有时他们因各种原因未必能帮你。

不过，由于采购员采购的范围大小不一，物料种类为数甚多，更何况科学技术发展极为迅速，采购员要如何持续性地拥有产品知识呢？基本上，有几种方式可以供采购员参考，如大学的课程、贸易性期刊、流行杂志、展览或工作参观、与供应商保持联络等。

2.7 了解采购部门的协调关系

由于采购业务所牵涉的范围非常广泛，与采购部相关的部门很多，因此如果希望采购业务能够顺利进行，从而获得良好的工作绩效，除了采购部的努力外，还需企业内部各有关部门的密切配合。

2.7.1 与管理部的协调关系

企业管理层应重视采购部的横向联系，并应加强采购员的专业培训及制定采购员的行为规范等事宜。

在与管理部门的协调上，采购部应将与供应商接触所获得的市场信息，提供给管理部门作为经营上的依据。而管理部门则应将前景预测、租税结构、汇率趋势等信息提供给采购部参考。

2.7.2　与销售部的协调关系

（1）销售部应提供正确的销售预测及销售目标等资料给采购部，以确保采购计划的准确性、可执行性。

（2）销售部制定产品的价格，必须事先估计制造成本，尤其是占主要部分的材料成本。在预估材料成本方面，采购部应提供充分的协助。

（3）销售部在与客户谈判特别订单及无库存的产品时，必须考虑物料的购运时间，以避免造成没法如期交货的问题。

（4）采购部应将从供应商处所获得的有关竞争同业的用料需求信息及其产品的销售数量、品质、价格等信息，提供给销售部，以协助销售部做好竞争策略的拟订。

（5）为了互惠起见，企业在政策上，通常会要求供应商购买本企业的产品。而在这一政策的执行方面，销售部与采购部应该更加密切地配合办理。

2.7.3　与生产部的协调关系

为了确保原材料供应的稳定性，采购部和生产部需要经常交换信息。

（1）生产部应尽早通知采购部有关产品的生产计划与物料的需求计划，使采购部有充裕的时间去寻求货源。

（2）采购部也必须通知生产管制部门采购所需要的购运时间及订购后可能发生的变化。

（3）如果生产计划或采购计划中的数量或时程有任何的改变，彼此都应迅速通知对方，从而使对方及时进行适当的调整与配合。

2.7.4　与品管部的协调关系

基本上，采购员必须熟悉与采购物品有关的品质标准，以便从供应商处购买到合乎用途的东西。采购员直接与供应商接触，因而能帮助品管部建立供应商所能配合的一套检验标准；而品管部也应将进料的检验结果告知采购员，借以考核供应商。

总体来说，采购部与品管部的协调关系如图2-5所示。

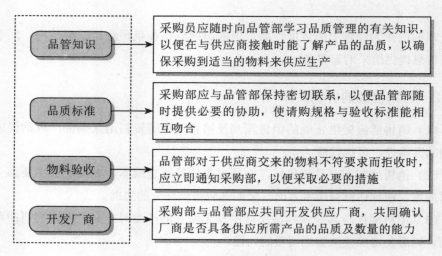

图2-5　采购部与品管部的协调关系

2.7.5　与制造部的协调关系

采购部提供制造部所需的物料，两者关系密切，但是两者却有不同的立场。通常，制造部希望物料能快速供应，以免发生断料停工的状况；而采购部则希望能有充分的时间进行议价，以期能降低成本。因此，在物料的购运时间方面，彼此必须互相尊重、充分协调，切勿意气用事。

另外，对于"自制"或"外包"的决定，制造部与采购部彼此的立场和见解也可能不同。这时应充分考虑成本分析的结果及策略，以客观的态度来共商对策。

2.7.6　与技术部的协调关系

技术部在设计物料规格时，不可过分强调追求品质而忽略价格和市场因素；采购部也不可太强调价格因素而忽略品质要求。因此，技术部应征询采购部的意见，而采购部也应根据市场信息，建议适当的规格标准。总之，两者必须密切协调，才能顺利进行采购。

为了建立标准，以期尽量保证物料品种，两者应密切协调，产生良好的互动关系。在新产品设计方面，采购部应随时提供有关物料规格、性能、价格等最新信息，供技术部参考。

2.7.7　与仓储部的协调关系

大量采购可以降低物料的单位成本，但相对地，存量的增加会提高仓储成本。

因此，为了降低整体的采购成本，采购部与仓储部必须有良好的沟通与协调能力，妥善地设计适当的最低存量及订购点。

采购部应在订购作业完成时，将有关交货期与数量等资料通知仓储部，以便仓储部能事先准备所需空间；仓储部也应定期将存量记录通知采购部，以利存量控制。另外，对于退货、呆料、缺料等问题，采购员也应协助仓储员处理。

2.7.8　与财务部的协调关系

每一项采购交易，从订购开始到交货、请款、付款为止，都需要经会计处理。财务部还可为采购部提供各项有关的计算资料，如应付账款余额统计、实际支出金额与预算金额的比较、材料成本的计算、价差的绩效计算等。

不过，在许多企业与机构中，这些财务工作有时候会由采购部担负一些职责。不管这些工作由谁执行，部门之间若紧密协调与合作，通常可以从供应商那里获得机会，从而可以改善买卖关系。

另外，采购预算是企业资金需求的最主要部分，若无良好的财务计划，采购工作将无法顺利进行。采购部在选择较佳品质时，必须考虑成本因素；在订购较大数量时，必须考虑财务负担能力；在议定价格时，必须考虑付款方式（现金支付或期票支付），以避免造成财务上的损失或风险。因此，采购部应与财务部在资金调度与运用、汇率与利率的价差、付款条件与额度等方面，做妥善的协调。

第2章　了解企业及制度

第 ③ 章

采购的业务流程

新手采购员，刚进公司一定要了解本企业的生产经营活动流程及采购业务过程模式。

3.1 企业生产经营活动的流程

任何涉及采购的企业，其部门相对来说都比较完善，如果企业有ISO质量体系，那么基本上可以在ISO的程序体系里进行系统学习和了解企业生产经营活动流程，这样比较全面。随着物流成本及市场竞争的加剧，对采购等前置作业活动的质量要求和时间要求越来越高。要求采购员不仅要了解自己的采购业务知识，更要了解生产工艺及经营活动的相关知识。

按普通的生产经营活动，即涉及业务部、技术部、采购部、生产部、物料部、品管部等几个部门的简单流程，基本上是如下运作的。

首先业务部接单（或企业下单），生产部、技术部及采购部共同确定各自负责的相关资料，如生产部要确定上线期及交货期，技术部要确定相关的样品、工

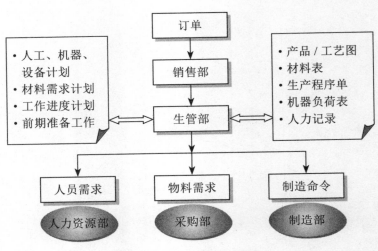

图3-1 某企业的产销流程

艺制单及材耗，采购部要确定物料到公司的时间。以上几个部门确认好了后，还要反馈至业务部或企业，由相关人员审核成本及相关的时间，并与客户取得联系（或企业相关负责人员），获得确认后，迅速将相关信息反馈至技术部、采购部及生产部。各部门按原定确认资料进行计划安排并执行。

如图3-1所示为某企业的产销流程。

3.2 采购业务过程模式

一个完整的采购过程，大体上都有一个共同的模式。企业采购大体上要经历以下过程，如图3-2所示。

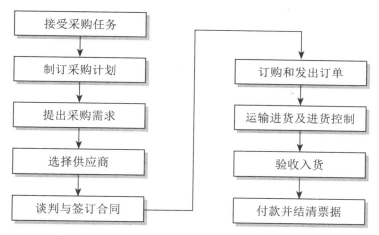

图3-2 整体采购作业流程

整体采购作业流程详细说明如表3-1所示。

表3-1 整体采购作业流程详细说明

序号	步骤	详细说明
1	接受采购任务	接受采购任务是采购工作的任务来源。通常是企业各个部门把采购任务报到采购部来，采购部把需要采购的物资汇总，再分配给各个采购员并下达采购任务单。有时是采购部根据公司的销售任务情况，自己主动安排各种物资的采购计划，给各个采购员下达采购任务单
2	制订采购计划	采购员在接到采购任务单后，要制订具体的工作计划。首先是进行资源市场调查，包括对商品、价格、供应商的调查分析，选定供应商，确定采购方法、采购日程计划以及运输方法、货款支付方式等

序号	步骤	详细说明
3	提出采购需求	采购需求主要包括以下几个方面 （1）规格、图样和采购文件。这些内容要能够准确地对采购产品作出规定，同时也能使供应商准确无误地理解 （2）对采购产品的需求。要准确地规定产品的类别、形式和等级，详细地制定产品的检验程序和规范 （3）明确主要的控制环节。即规格、图样和采购文件的编制、审批及发放 （4）提出完整的采购文件。主要包括采购合同、图样、标准、样品和技术协议书等
4	选择供应商	对于供应链中的供应商，可以直接将采购信息传递给对方。而对于非供应链中的供应商，采购部门可以利用商务网络平台，将所需物资的供应商罗列出来，找出质量好、价格低、费用省、交货及时、服务周到的供应商
5	谈判与签订合同	要和供应商反复进行磋商谈判，讨论价格、质量、货期、服务及风险赔偿等各种限制条件，最后把这些条件用合同形式规定下来，形成订货合同。订货合同签订并经双方签字盖章以后，才意味着已经成交
6	订购和发出订单	（1）采购员在签订采购合同后，就可以发出订单。有时采购合同就是购货订单。通常在常规采购中，如果对物资有长时间的需求，只要就合同进行滚动式谈判，购货订单按照合同发出即可，在这种情况下，订购和发出订单是各自独立的活动 （2）采购员向供应商发出购货订单时，要详细、具体地说明有关的信息，购货订单包括的内容有订单编号、产品简要说明、单价、需求数量、交货时间、交货地址等，当然这些数据在采供双方结成密切合作伙伴关系的前提下可以实现数据的适时输送和共享
7	运输进货及进货控制	订货成交以后，就是履行合同，就要开始运输进货。可以由供应商运输，也可以由运输企业运输，或者采购方自己提货。采购员要督促、监督进货过程，确保按时到货
8	验收入货	采购员要配合仓储部按有关合同制度的数量、质量、验收办法、到货时间做好验收入库工作
9	付款并结清票据	付款是供应商最关心的问题，如果采购方对到期应付的货款找理由拖延，必然会引起供应商的不满，严重的还会导致供应商停止供货，甚至付诸法律。付款虽然是财务部的工作，采购部也要加以协助，因为供应商的货款被拖欠时，供应商往往找采购员进行投诉

3.3 企业采购作业流程

在物料采购活动中，采购部要按部门内采购操作流程，进行合格供应商筛选，采购资料内容传递给相关合格供应商并要求其反馈相关物料质量及报价信息，然后采购员进行比价和议价，并最终确定物料供应商，传递采购订单合同。采购员根据既定的合同要求对供应商进行跟踪，保证保质、保量、按时将物料供应到位。供应商按指定仓位将物料运送至物料部后，物料部要取部分物料样送至品管部进行进料检验（小公司由采购员进行检验），或由物料部向品管部或相关采购员发出进料检验通知。品管部对进料检验后要迅速将相关质量信息反馈至采购员，采购员根据物料质量情况对物料进行进仓、退货或特采等处理。每采购一批物料都要对相关的供应商供货的质量、交货期及相关合作事项进行评价并在各供应商档案留档，以备后查及对供应商的定期评审筛选。

表3-2为某企业的采购作业流程、责任部门、责任人。

表3-2 某企业的采购作业流程、责任部门、责任人

流程	责任部门	责任人
材料需求申请	各部门	销售文员/各部门主管
查询库存	采购部	采购员
制订采购计划	采购部	采购员
比价	采购部	采购员/PMC经理/厂长
下发采购订单	采购部	采购员/PMC经理/厂长
采购跟催交货期	采购部	采购员
供应商交货	供货商	供货商
检验（不合格/合格）	品管部	IQC
入库	仓库	仓管员
填写付款凭证	采购部	采购员
审批	采购部、PMC部门、财务部	采购部、PMC部门、财务部经理
付款	财务部	出纳

注：PMC即Production Material Control的缩写，是指对生产计划与生产进度的控制。

对于采购作业流程，企业通常都有规定，采购新手要勤问领导或同事，对流程、责任部门及责任岗位都有一个清楚的了解。

3.4 采购员个人岗位作业流程

3.4.1 采购员的业务活动

采购活动是采购员的主要工作内容，但往往有许多新上任的采购员由于对业务不熟悉，因而对采购工作无从入手，或进行采购活动时错漏百出，甚至给企业造成无法挽回的损失。所以，采购员在进行工作之前，对采购业务事项及基本操作顺序熟悉和了解是十分必要的。

采购业务及操作顺序如表3-3所示。

表3-3　采购业务及操作顺序

序号	业务事项	先后顺序
1	收集信息	（1）充分了解请购材料的品名、规格 （2）调查市场行情 （3）收集有关生产厂家的资料 （4）收集有关替代品的资料 （5）收集有关品质及其他方面的资料 （6）核定资金预算
2	询价	（1）选择询价对象 （2）询问价格 （3）整理报价资料 （4）选择议价对象
3	比价、议价	（1）经成本分析后，研拟底价，设定议价目标 （2）决定采购条件（向厂商详细说明品名、规格、品质要求、数量、扣款规定、交货期、地点、付款办法等） （3）了解其他厂商的价格 （4）考虑价格上涨或下跌的因素 （5）估算运费、保险费及关税 （6）核对付款条件 （7）比较交货期限
4	评估	（1）同规格产品应有几家供应商同时进行询价、比价、议价 （2）是否为信誉良好的生产厂家 （3）是否有必要办理售后服务 （4）厂商是否能按期交货，品质是否有保障 （5）是否有必要开发其他厂商

序号	业务事项	先后顺序
5	索样	（1）索取样品 （2）整理检验结果并进行比较
6	决定	（1）选择适当的供应商 （2）签订采购合同
7	请购	（1）按物料计划计算请购物料数量与交货期 （2）请购单上应详细注明与供应商议定的买价条件 （3）分批交货者应在请购单上注明分批交货时间
8	订购	（1）订购单邮寄或传真至供应商 （2）向厂商确定价格、品质要求、交货期等
9	协调与沟通	（1）对能否按期交货，供应商要及时回复 （2）不能按期交货者，要及时与之协调联络，以确定一个合适的交货期
10	催交	（1）无法于约定日期交货时，应联络请购部门（物料控制部），并进行交货期异常控制 （2）已逾期交货者应加紧催交 （3）督促收料部门签交收料单 （4）控制长期合同的交货
11	进货验收	（1）进货的品质验收 （2）进货的数量验收
12	清理与付款	（1）核对各种手续是否完备 （2）发票抬头与内容是否相符 （3）发票金额与请购单价是否相同 （4）是否有预付款或暂借款 （5）是否需要扣款

3.4.2　了解流程的方法

通常情况下，新人到了新岗位后，要对本部门或企业的运作流程有全面和系统的了解是很困难的，基本上也只是了解个大概的流程，所进行的工作任务主要是一些简单的事务。那么针对这些简单的事务处理，通常情况下一个企业或部门都有其内部日常事务的处理流程，个人一旦清楚自己每天的工作内容后，就可以根据工作内容设计其流程。那么个人作业流程如何设计呢？既然是一个正常运作的企业，其事务流程都有一套既定的或默认的程序。这就要求新人到新岗位工作后，必须多问、多看、多想。

（1）多问。采购员每接到一个新的工作任务后，你要问按什么样的流程操作，可以参考哪些案例或既定程序，需要与哪些部门或单位联系，需要使用到哪些表格或文件，需要向哪些人汇报沟通协调。

（2）多看。工作间隙，采购员可以看一下别的同事，有没有和你工作内容类似的，如果有，那么他们是按什么样的流程工作的；自己业务稍熟悉后，也可以看别的同事每天都会有哪些其他工作内容，他们的工作内容是如何进行的，这样就可以从同事及一些经验丰富的工作人员身上学到更多知识。

（3）多想。采购员做任何工作，都要想为什么这样做，有没有更简便的方法，这样才能不断创新，在现在市场竞争环境下，具有创新能力的人才在竞争中才更具有竞争力。

新手学 采购 从入门到精通

第 ④ 章

掌握采购必知信息

4.1 采购信息的作用

采购员要随时、随地与设计、生产、销售等部门取得联系，听取这些部门的意见，收集诸如物料种类、品质、价格、数量、采购时间、采购条件等相关资料。

针对上述有关的条件，采购员要配合企业的政策拟订物料采购计划，同时将所获得的采购信息提供给相关部门，共同商议最有利的原则，以达最佳的采购捷径。

获取最有价值的采购信息，是降低物料采购成本的最佳手段，采购信息的获得可作为如下内容的参考。

4.1.1 作为拟订采购计划的参考

调查收集代替品或新物料来源，调查目前的价格是否合理、将来的价格趋势如何、有无新的方法可采购到较低价格的物料，新作业方法、节能设备趋势等信息的搜集，把这些信息作为采购决策的参考。

4.1.2 作为经营成本分析的参考

采购员应对供应商的成本加以分析，了解企业中每项产品所占"工与料"的比率，以便作为采购的参考。

采购信息是未来企业最宝贵也是最便宜的资源，谁能够有效地利用它，谁就在未来的竞争占有优势。

4.2 采购信息的类别

4.2.1 按采购信息内容分

采购信息大致可分为物料信息、市场信息及供应商信息三大类，如表4-1所示。

表4-1　按采购信息内容分

序号	类别	具体说明
1	物料信息	（1）合适物料信息的取得，包括符合设计要求的物料、物料的性能与价格、新物料的研究 （2）合理价格信息的取得，包括市场行情、价值分析、制造方法与其成本
2	市场信息	市场信息包括采购、储运期间物料供需的趋势及价格的走向
3	供应商信息	寻找合适的交易对象，了解生产形态与制造供应商，调查流通路线及专业供应商，了解交易对象的实际情况

4.2.2　按采购信息来源分

按照物料采购信息搜集来源，采购信息大致可以分成以下几种类别，如表4-2所示。

表4-2　按采购信息来源分

序号	类别	具体说明
1	基本信息	（1）一般市场采购信息是指属于一般市场的普通信息 （2）基本市场采购信息是指属于主要市场的信息资料 （3）临时市场采购信息是指属于有时间性的信息资料
2	供应商信息	供应商信息是指调查来往供应商的经营情形及其将来的动向，包括企业概况、企业类型、财务、销售、生产、品质、制造成本等。对某一企业信息的搜集，是研究将来继续与其来往的可能性，并了解其实际的经营情况
3	商品信息	商品信息是指调查每一拟订采购商品的供需情形及其价格走向，作为采购价格的计算、采购时期及所需数量决定的参考依据
4	流通及新品信息	流通及新品信息是指由于采购流通途径直接影响到采购的价格，所以需要事先加以研究及向专业供货商了解交易对象的实际情况

4.3　采购信息的内容

物料采购信息的内容有许多，具体如表4-3所示。

表4-3　物料采购信息的内容

序号	内容	具体说明
1	品质及规格	采购材料的品质及规格，不光是标准品、一般品，还包括代用品，这些资料对于降低采购成本是非常有用的
2	品牌和商标	不同的品牌、不同的商标，产品的式样不同，其价格也不同。因此在采购以前，必须利用市场上所搜集的资料，对其适合性以及以降低成本为重点来加以判断，以决定使用哪一品牌、哪一种商标与哪一种式样的产品
3	采购的时间	采购的时机，与经济景气、价格涨跌有所关联，必须加以仔细、全面地调查
4	采购的数量	对供应商的生产能力、设备情况、财务状况等资料须加以收集，以便作为对采购物料供应来源的能力的参考
5	采购的对象	供货商或直接向制造企业采购，因为采购对象不同而价格亦互异
6	交货日期	订货时间充分与否关系交货日期是否能准时。因此必须收集最快交货时间，以便配合公司的生产
7	付款条件	付款条件不同，其价格也就互异。所以，为了计算合适的价格，必须从用现款采购或非现款采购或预付货款采购等不同条件去分析哪一种更为有利

4.4　采购信息的搜集方法

4.4.1　采购信息的搜集来源

企业采购信息的搜集来源，主要有以下几种。

（1）来自现有市场信息。

（2）来自同行的信息。

（3）来自供货商的信息。

（4）来自其他行业的信息。

4.4.2　采购信息调查项目

采购信息调查项目有如表4-4所示4种。

表4-4 采购信息调查项目

序号	调查项目	具体说明
1	供应商信息	（1）研究新的流通途径 （2）供应商选择 （3）生产形态与制造供应商关系信息的搜集
2	价格信息	（1）着重了解市场行情、研究市场的特性、研究供需活动的特性。特别是某些价格和数量都比较敏感的用料，它的季节性供货波动、价格季节性变动，采用多预购备用或期货订购的方式 （2）对物料的品质、价格和数量进行价值分析 （3）对制造方法与制造成本的调查
3	物料信息	（1）分析物料的性价比 （2）新物料的研究，尤其设计新产品时以寻找新物料最为重要 （3）寻找更符合性能要求的物料。预测适当采购时期，包括市场供需情况预测、价格变化情况预测，然后对最有利的采购时期做出采购决策
4	合适物料的信息	（1）分析物料的性价比 （2）新物料的研究，尤其设计新产品时以寻找新物料最为重要 （3）寻找更符合性能要求的物料

4.5 采购信息的搜集步骤

就经营战略的观点来说，企业管理者和采购部充分了解市场的发展趋势和价格动向非常重要。

4.5.1 信息搜集

采购员首先要努力进行信息搜集，寻找哪里可以买到或发现哪里有本企业所要物资的供应商？哪里可以更便宜地替本企业生产出所需的产品？从哪种信息途径可以知道有更廉价的生产者？

这些信息的获取都必须依赖企业信息网络的建立和工作效率，这样才可以比别的买家更快、更容易找到更多的廉价市场。

4.5.2 详细记录

单有制品、零件和价格市场的信息是远远不够的，每一家供应商的技术、设备、专长、便宜产品等，采购员都要认真加以详细记录，这些资料可从下列来源寻找。

（1）从行业协会等找出所属团体的企业，向其取得估价单以便寻找便宜的供货商。

（2）向与本企业有来往的原料企业、原料商品的批发商、机械制造企业等，请教与他们有交易来往的供应商中有无更加便宜的生产企业。

（3）从相关网络、杂志、报纸、年报、电话簿、企业黄页等找出生产供应商，向他们取得估价单以供比较。

（4）向企业内部的专家或内行人士请教有无廉价生产供应商。

（5）通过在海外的同业团体或国内贸易商、团体、海外政府商务机构等寻找便宜的供应市场。

（6）经过调查机构、顾问、行业协会等找到便宜的市场。

（7）在国内找专家、学会、研究机构等向其请教有关供应商，或者从科研机构进一步寻找代替材料、新材料及新技术等。

（8）通过各省市工商部门或行业协会，向其请教有关供应商信息。

4.5.3　将信息编制成册

采购员可将这些搜集来的信息，按名称、地点、电话、负责人姓名、主要产品等编制成册，以供采购时参考。

4.6　采购信息的运用

生产企业为了以"低价格、高品质、高服务"的产品来击败竞争对手，获取维持企业持续生存发展所需的利润，必须竭尽全力降低物料采购成本，提高产品的竞争力。采购信息的获取和有效运用，正是降低物料采购成本的最佳手段。

物料采购信息经过搜集、整理、分析等步骤，然后被运用到物料采购的各个环节。

（1）将采购市场调查所得的资料加以整理、分析与汇总。

（2）根据汇总材料，提出报告、建议等，以供采购决策时参考。

（3）结合采购信息汇总、采购经验的总结，不断分析、研究，运用更好、更有效的采购方法。

第 ⑤ 章
采购事务涉及的表单

5.1 采购计划涉及表单

5.1.1 年度营销计划

除非该企业的产品在市面上出现供不应求的状况，否则企业年度的经营计划是以营销计划为起点，而营销计划的拟订，又受到销售预测的影响。销售预测的决定因素，包括外界的不可控制因素，如国内的经济发展情况（如国内生产总值、失业率、物价、利率等）、科技发展水平、竞争者状况等，以及内部的可控制因素，如财务状况、技术水平、厂房设备、原材料供应情况、人力资源及企业声誉等。

5.1.2 年度生产计划

一般而言，企业的生产计划是依据营销计划来制订的，若营销计划过于乐观，将使产量变成存货，给企业造成财务负担；反之，过度保守的营销计划，将使产品在市面上供不应求，丧失了创造利润的机会。因此，企业常因营销人员对市场的需求量估算失当，造成生产计划变化多端，也使得采购计划与预算必须经常调整、修正，物料供需长久处于失衡状态。

5.1.3 用料清单

物料清单（Bill of Material，BOM），指产品所需要的零部件的清单及组成结构，即生产一件产品所需的子零件及其产品中零件数量的完全组合。

若产品工艺变更层出不穷，会导致用料清单难以随之调整，以此计算出来的所需物料需求数量与实际使用的物料数量或规格不相符，造成采购数量过多或不及，物料规格过时或不易及时购得。因而，采购计划的准确性，必须依赖于最新、最准确的用料清单。

5.1.4 存量管制卡

由于应购数量必须扣除库存数量，因而，存量管制卡（表5-1）记载是否正确也会影响采购计划的准确性，这包括料账是否一致，以及物料存量是否全为良品。若账上数量与仓库架台上的数量不符，或存量中某些物料的规格不符合要求，将使存量中实际可取用物料的数量降低，所以，准确的存量管制卡是采购计划准确性的重要保证。

表5-1　存量管制卡

卡号：

品名			料号				请购点		安全存量	
规格			存放	库号： 架位：			一次 请购量		采购前置 时间	
日期	凭证号码	摘要	入库		出库		结存数量	请（订）购记录						
			收	欠收	发	欠发		订购量	订购单号	订购日	请求交货日	实际交货日	交货量	备注

5.2　采购申请常用表单

采购申请由使用者提出。企业的使用者，就是企业的各个部门、各个人。他们可能在生产部门，也可能在行政部门、管理部门，例如各个车间、各个科室、各个班组。一般企业的采购部门，主要是为生产服务，只接受生产部门的采购申请。但是也有一些企业，特别是一些小企业，也接受行政部门、管理部门甚至个人的采购申请，进行统一采购。

采购申请的提出时间，正常情况下，一般是月末、季末和年末；但在特殊情况下，特别是紧急需求时，也可以随时接受申请。这里主要讨论正常情况下的采购申请，也就是月末、季末和年末，特别是月末：这个月提出下个月需要采购的物资品种。

5.2.1 采购申请的内容

采购申请的内容，包括需求单位（或需求者），需求品种、规格、型号，需求数量（包括申请数量、领导审批数量），需求时间，品种的用途，特别要求。

5.2.2 采购申请的文件名称

采购申请的文件名称包括采购申请（单）、请购单、请购计划（表）、物料需求计划（表）等。

（1）单项独立物品采购申请单。单项独立物品采购申请单是指此采购申请单用于申请单项独立物品。由申请人提出、主管领导批准，然后交采购管理科，如表5-2所示。

表5-2 单项独立物品采购申请单

申请单位：　　　　　　时间：　　年　　月　　日　　　　　编号：

出品		规格		数量	
用途					
特别说明				需用日期	
领导批示					

申请人：

（2）多项独立物品采购申请单。多项独立物品采购申请单是指此种采购申请单用于申请多项独立物品。一般是一个部门的申请采购物品的汇总清单，可以由填表人填写，但是部门负责人必须审核签字，还要由主管领导批示，然后交采购管理科，如表5-3所示。

新手学

采购

从入门到精通

表5-3 多项独立物品采购申请单

申请单位：　　　　　　　　时间：　　年　　月　　日　　　　　　编号：

序号	品名	规格	单位	数量	用途	需用日期	备注
领导批示							

单位负责人：　　　　　　　　申请人：　　　　　　　　共　　页第　　页

（3）同一产品相关多项原材料采购申请单。同一产品相关多项原材料采购申请单是指此种采购申请单主要用于同一个产品（或部件）的多项相关原材料的采购申请。它实际上是该产品（或部件）的物料需求清单，各种物料互成一定比例，写在一起，方便计算和审核。可以由填表人填写，但产品组长必须审核签字，主管领导批示后，交采购管理科，如表5-4所示。

表5-4 同一产品相关多项原材料采购申请单

申请单位：　　　　　　　　时间：　　年　　月　　日　　　　　　编号：

产品名称			生产数量			开工日期			
序号	品名	规格	单位	单位用量	库存量	请购数量	核准数量	备注	
领导批示									

产品组长：　　　　　　　　申请人：　　　　　　　　共　　页第　　页

5.3 订购单

当采购部门确定采购对象后，通常会寄发订购单给供应商，以作为双方将来交货、验收、付款的依据。国外采购因双方沟通不易，订购单成为确认交易必需的工具。国内采购可依情况决定是否给供应商订购单。有时采购部门签发订购单后，并未要求供应商签署并寄回，形成买方对卖方的单向承诺，这对买方可能产生不利影响，却能使卖方安心交货，甚至可获得融资的便利。

订购单内容特别侧重交易条件、交货日期、运输方式、单价、付款方式等。因用途不同，订购单可分为供应商联（第一联），作为供应商交货时的凭证；回执联（第二联），由供应商签认后寄回；物料联（第三联），作为控制存量及验收的参考；请款联（第四联），可取代请购单第二联或验收单；承办联（第五联），制发订购单的部门自存，如表5-5所示。

表5-5 订购单

Purchase Order

编号：　　　　　　　　　　　　　　订购日期：
Order No.：　　　　　　　　　　　　Date：
预定交货日期：　　　　　　　　　　交易条件（分批交货）：
Shipped on：　　　　　　　　　　　Partial Shipment：
交货方法：　　　　　　　　　　　　交货地点：
Shipping Method：　　　　　　　　　Shipped to：
付款条件：　　　　　　　　　　　　付款方式：
Vender-ID：　　　　　　　　　　　　Payment Term：

序号	统一编号 Control No.	料号 Code No.	名称/规格 Description/ Specification	单位 Unit	数量 Qty	单价 U/P	金额 Amount
合计　TOTAL							

兹同意依照本订单所述条件交货：
Shipments are to be effected in accordance with the terms stated herein：

签认：　　　　　　　　职称：
Accepted by：　　　　　　Title：
日期：
Date：

签章：
Authorized Signatures：

通常在订购单的背面，多会有附加条款的规定，也构成订购条件的一部分，其主要内容如下。

（1）交货方式：新品交货附带备用零件、交货时间与地点等规定。

（2）验收方式：检验设备、检验费用、不合格品的退换等规定，超交或短交数量的处理。

（3）罚则：迟延交货或品质不符的扣款，停权处分或取消合约的规定。

（4）履约保证：按合约总价百分之几，退还或没收的规定。

（5）品质保证：保用或保固期限，无偿或有偿换修等规定。

（6）仲裁或诉讼：买卖双方的纷争，仲裁的地点或诉讼的法院。

（7）其他：例如卖方保证买方不受专利权分割的控诉。

5.4　其他辅助性单据

除了以上的两种主要表单外，尚有辅助性质的表单，如下所示。

（1）询价单（Inquiry），作为征询供应商报价的工具。

（2）采购联络单，可提供购用双方规格、单价及交货日期等意见的沟通与确认。

（3）比价议价记录表，可登载报价供应商原询单价及议价的结果等。

（4）采购动态表（Purchase Status），可表示交货前各项作业过程的状况。

（5）外协加工成本核算表，用来计算物料成本的构成，以作为议价的基础。

（6）交期控制表，用来跟踪订单交期状况。

（7）来料检验日报表，用来了解各供应商的交货品质状况。

第 ⑥ 章

与采购有关的 MRP 与 ERP

　　许多企业会建立物料需求计划（MRP）系统与企业资源计划（ERP）系统，有了这两个系统，采购员在下达采购订单时，就不需再手工计算采购数量，系统可以自动生成采购计划。作为采购员，必须对企业的 MRP 系统与 ERP 系统加以了解，充分掌握其操作步骤与方法。

6.1　MRP 系统与采购

　　物料需求计划（Material Requirement Planning，MRP）即指根据产品结构各层次物品的从属和数量关系，以每个物品为计划对象，以完工时期为时间基准倒排计划，按提前期长短区别各个物品下达计划时间的先后顺序，是一种工业制造企业内物资计划管理模式。MRP 是根据市场需求预测和顾客订单制订产品的生产计划，然后基于产品生成进度计划，组成产品的材料结构表和库存状况，通过计算机计算所需物料的需求量和需求时间，从而确定材料的加工进度和订货日程的一种管理系统。

　　MRP 被看作是以计算机为基础的生产计划与库存控制系统。

6.1.1　MRP 采购的内容

　　物料需求计划规定了采购品种、数量、采购时间和采购回来的时间，计划比较精确、严格。它也是以需求分析为依据，以满足库存为目的的。它的市场响应灵敏度及库存水平比订货点方法有进步。

6.1.2　MRP 采购的特点

　　（1）需求的相关性。在流通企业，各种需求往往是独立的。而在生产系统中，需求具有相关性。例如，根据订单确定了所需产品的数量之后，由新产品结构文件 BOM 即可推算出各种零部件和原材料的数量，这种根据逻辑关系推算出来的物料数量称为相关需求。不但品种数量有相关性，需求时间与生产工艺过程的决定也是相关的。

（2）需求的确定性。MRP的需求都是根据生产进度计划、产品结构文件、库存文件和各种零部件的生产时间或订货、进货时间精确计算出来的，品种、数量和需求时间都有严格要求，不可改变。

（3）计划的精细性。MRP有充分的根据，从主产品到零部件，从需求数量到需求时间，从出厂先后到装配关系都做了明确的规定，无一遗漏或偏差。计划还全面规定和安排了所有的生产活动和采购活动。不折不扣地按照这个计划进行，能够保证主产品出厂计划的如期实现。

（4）计算的复杂性。MRP根据主产品计划、主产品机构文件、库存文件、生产时间、采购时间，把主产品的所有零部件的需要数量、需要时间、先后关系等准确计算出来，其计算量是非常庞大的。主产品特别复杂、零部件数量特别多时，如果用人工计算，简直望尘莫及。所以MRP的产生和发展与计算机技术的发展有紧密的联系。

6.1.3　物料需求计划的计算原理

物料需求计划是利用生产日程计划表、零件构成表、库存量、已订购未交货订购单等各种相关资料，经正确计算而得出各种物料零件的变量需求，以此提出各种新订购计划或修正各种已开出订购的物料管理的方法。

（1）生产日程计划表。生产日程计划表（Mater Production Schedule），一般是根据客户合同、生产能力、物料状况和市场预测等来排定的。它通常是以周为单位，把经营计划或生产大纲中的产品系列具体化，使之成为实施物料需求计划的主要依据，起到从综合计划向具体计划过渡的承上启下的作用。

（2）物料逻辑档。物料逻辑档是储存一切有关成品、半成品与物料的各种必要资料，如物料名称、ABC物料分类表、产品结构阶层表、采购前置时间、物料基准存量表等。

（3）零件构成表。零件构成表（BOM清单）表示最终产品零件的构成内容明细及需要数量的资料，它将产品、组合品、零件、原料等物品都体现在上面，能够让人了解以产品为首的各零件的构成，并以此计算出产品所需的组合品、零件及物料。

（4）库存量。库存信息是保存企业所有产品、零部件、在制品、物料等存在状态的数据库。在MRP系统中，将产品、零部件、在制品、物料甚至工装工具等统称为"物料"或"项目"。库存信息需确认的数据见表6-1。

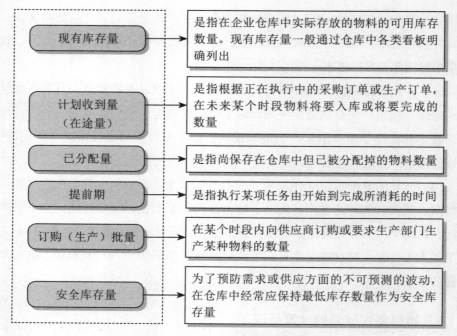

图6-1　库存信息需确认的数据

根据以上各个数值，可以计算出某项物料的净需求量。

$$净需求量=毛需求量+已分配量-计划收到量-现有库存量$$

6.1.4　MRP的计算步骤

MRP的计算通常分两步，首先根据主生产计划导出物料的需求量与需求时间，然后根据物料的提前期确定投产与订货时间。

第一步，计算物料的毛需求量。

这一步骤是根据主生产计划算出一级物料的毛需求量，然后根据一级物料的BOM表算出二级物料的毛需求量，再根据二级物料的BOM表算出三级物料的毛需求量。后面的四级、五级以此类推，直到算出最低层级物料毛坯或采购件为止。

$$毛需求量=计划生产量×物料清单（BOM）+杂项需求$$

第二步，净需求量计算。

根据毛需求量、可用库存量、已分配量等计算出每种物料的净需求量。

$$净需求量=毛需求量+已分配量-可用库存量-在途量$$

第三步，批量计算。

相关计划人员对物料生产做出批量策略决定。不管采用何种批量规则或不采用批量规则，净需求量计算后都应该表明是否有批量要求。

第四步，安全库存量、废品率和损耗率等的计算。

物料计划人员需要用废品率和损耗率来确定净需求量，同时确保安全库存。

库存量=现有库存量−生产线已开单未领量

第五步，下达计划订单。

通过 MRP 计算后，已经知道了需要的物料数量。但 MRP 所生成的计划订单，要通过能力资源平衡确认后，才能开始正式下达计划订单。

第六步，再一次计算。

MRP 的再次生成大致有图6-2所示两种方式。

只是在制定、生成 MRP 的条件发生变化时，才相应地更新 MRP 有关部分的记录

会对库存信息重新计算，同时覆盖原来计算的数据，生成的是全新的 MRP

方式

图6-2　MRP的再次生成方式

6.2　ERP系统下的采购模块

6.2.1　ERP系统介绍

ERP 系统是指建立在信息技术基础上，集信息技术与先进管理思想于一身，以系统化的管理思想，为企业员工及决策层提供决策手段的管理平台。它是从 MRP（物料需求计划）发展而来的新一代集成化管理信息系统，它扩展了 MRP 的功能，其核心思想是供应链管理。

6.2.2　ERP系统采购流程

ERP 系统下会设置采购管理模块，采购管理模块可确定订货量，甄别供应商和产品的安全。可随时提供定购、验收信息，跟踪、催促外购或委外加工物料，保证货物及时到达。ERP 系统可建立供应商档案，可通过最新成本信息调整库存管理成本。ERP 系统采购管理模块具体包括供应商信息查询、催货、采购与委外加工管理统计、价格分析等功能。该模块中采购业务流程如下。

（1）建立供应商资源。建立供应商档案，同时对首选、次选等供应商加以分类，并建立供应商的供应物品明细，资料最终必须进行确认才有效。

（2）生成采购计划。根据MRP及库存子系统生成的物料需求来生成采购计划，并综合考虑物料的订货批量、采购提前期、库存量、运输方式以及计划外的物料申请，进行系统自动物料合并，也可以人工干预和修改。

（3）询价及洽谈。该过程是落实采购订单的采购供应商。

（4）生成用款计划。生成采购计划后，系统自动生成用款计划，并根据询价结果进行维护。

（5）下达订单。根据订货批量、采购提前期、库存量、运输方式、用款计划以及计划外的物料申请进行物料合并，生成采购订单，并经过确认后即可进行订单输出，最后下达给供应商，也可以网上发布订单。

（6）采购订单跟踪。采购业务员对下达的采购订单按计划进行跟踪，系统可以设置跟踪的时间周期，形成订单跟催计划。

（7）来料验收。由采购业务员对来料按订单与发票进行验收，并录入收货单与发票。也可以根据系统集成的特点与企业的实际流程，直接由来料检验人员（或物料管理员）对来料按订单验收，并对不按计划交货的供应商进行管理控制（拖期、提前）。

（8）结账与费用核算。结账付款工作由采购部门配合财务部门来完成，并根据物料的采购结算单据和对采购各种费用的分摊，计算出采购成本。

（9）采购订单结算和清理。在采购订单交货、收货、入库、付款和考核后，要及时结清采购订单。

（10）系统基础数据维护。采购子系统的基本数据有采购员资料、供应商资料、采购提前期以及业务流程设置。对这些数据应及时加以维护。

作业采购员，必须掌握本公司ERP系统中采购模块中各项业务的操作步骤与方法。

第二部分　采购业务入门期

导言

大部分的工作都有一个熟能生巧的过程，只要
经常练习，多做准备，相应地就会越来越熟练，岗
位的适应能力也就会越来越强，采购业务的开展也
是如此。采购新手们可以按照本部分所介绍的业务
内容，一步一个脚印、踏踏实实地做好每件事。当
各项业务操作过几次后，就一定能够达到熟能生巧
的地步，也为将来业绩的提升打好坚实的基础。

第 7 章

供应商选择

供应商选择是采购工作当中一项非常重要的工作。

（1）供应商供应物料的顺畅：使生产不会因为待料而停工。

（2）进料品质的稳定：保障生产成品品质的稳定。

（3）交货数量的符合：使企业生产数量准确。

（4）交期的准确：保障企业出货期的准确。

（5）各项工作的协调：良好的配合使双方的工作进展顺利。

所以供应商选择会直接影响企业的生产与销售，对企业影响非常大，因此，选择优秀的供应商是非常重要的。

7.1 收集供应商的资料

采购员应根据材料的分类，收集生产各类物料的供应商资料，每类产品最好有5～10家的供应商供选择，并将这些供应商的资料填写在"供应商资料卡"（表7-1）上。

表7-1 供应商资料卡

卡号：   建卡日期：

商品类别：   建卡者：

公司名称		法人代表	
公司地址		主要负责人 （总经理）	
工厂地址		联络人 （跟单业务）	
公司电话		工厂电话	
公司传真		工厂传真	

企业性质	□国有企业 □集体企业 □中外合资 □私营企业 □其他	付款方式	□季结90天　□月结30天 □货到付款　□其他
经营范围			
发票类型	□出口专用发票 □增值税发票13%		
员工人数			
主要机器设备			
主要检验设备			
备注			

7.1.1 从哪些途径可以找到供应商的资料

采购员寻找供应商，通常可通过表7-2所列途径来进行。

表7-2 寻找供应商的途径

序号	途径	说明
1	利用现有的资料	管理走上正轨的企业，多会建立合格供应商的档案或名册，因此采购员不必舍近求远，应该就现有的供应商去甄选，分析或了解它们是否符合要求——适当的品质、准时交货、合理的价格及必需的服务等
2	公开征求的方式	现在的企业偏好以公开招标的方式来寻找供应商，使符合资格的供应商均有参与投标的机会。不过有些企业比较少用此种方式，因为这是被动地寻找供应商。换言之，若最适合的供应商不主动来投标，恐怕就会失去公开征求的意义
3	通过同业介绍	所谓"同行是冤家"，是指业务人员因为彼此间争夺客户，尔虞我诈。但同行的采购员倒是"亲家"，因为彼此可以联合采购或互通有无。采购员若能广结善缘，同业者必乐于提供供应商的参考名单

序号	途径	说明
4	阅读专业刊物	可从各种专业性的报纸、杂志上，获悉许多产品的供应商信息、也可以从《采购指南》《工商名录》《电话黄页》等的分类广告上，获得供应商的基本资料
5	协会或采购专业顾问公司	可以与拟购产品的同业协会洽谈，让其提供会员供应商名录；也可联系专业的采购顾问公司，特别是对于来源稀少或取得不易的物品，如精密的零件等
6	参加产品展示会	采购员应参加有关行业的产品展示会，亲自收集适合的供应商资料，甚至当面洽谈
7	上搜索引擎	首先通过百度、搜狗、360搜索等来搜索，再根据地区筛选，然后根据地理位置、企业规模、网站情况，以及所需要的物料是否为其企业主打产品来选择合适的供应商，进行电话联络 如果运用"贸易在线"，则可用"贸易通"来沟通，因为有些物料电话里是说不清楚的，这时就需要用图片来说明
8	上行业网站	每个行业都有大量的行业专业网站，有大量的采供信息提供，采购员可以根据自己所从事的行业，搜索相关的行业网站，这将为采购员提供很多专业的帮助

7.1.2 应要求初级供应商提供哪些资料

采购员应要求初级供应商提供如表7-3所列的资料。

表7-3 初级供应商应提供的资料

序号	资料名	目的说明
1	企业概况	用于了解供应商的基本资料，如创立时间、注册资本、规模、性质、优势等内容，以初步判定是否有合作基础
2	企业组织架构	用于初步了解该供应商的管理体系是否严谨，部门设置是否健全，同时也可看出职能分工是否清晰
3	产品一览表	通过产品一览表，可了解该供应商是否与本企业现需的原材料要求相符，并求证该供应商的优势所在
4	各项品质资质证明	如ISO 9000、ISO 14000、3C认证、UL认证、CE认证等各种安规认证（包含产品安全认证、电磁兼容认证、环保认证、能源认证等）的副本，再加复印件，用以确认供应商是否取得相应资格

序号	资料名	目的说明
5	QC（质量控制）工程图	QC工程图是供应商产品的生产工艺及品质的结合体，通过它可以粗略地了解供应商产品的部分特质及品质是否有效
6	供应商品质保证所使用的工具	主要是指在保证品质的同时，使用一些流行和有效的方法及工具，如SPC、FMEA、MSA等。使用这些方法和工具对品质保证有很大的好处，也可以反映出供应商目前的品质水准
7	生产与检验设备一览表	生产与检验设备一览表用来判断供应商的产能和产量，以便于今后下订单时有一个初步的订单量的判断，同时还可作为第一印象来判断供应商的状态，这是一家企业管理供应商的基本资料。如有合理的文件，则表明至少有文控；如未做或有做得不合理，则表明该供应商文控系统有问题，同时也至少说明管理体系是不严谨的
8	产能报告	了解供应商的生产能力，作为以后下订单时确定订单量的依据之一

7.2 样品确认

采购员在对供应商进行初审之后、确定供应商之前，应要求供应商提供样品，以此来证实供应商的物料质量是否满足采购的要求。对于一些不复杂的产品而言，只要供应商提供其产品即可，如果是本企业特殊生产的非标准件，则要经过比较烦琐的样品确认环节。其主要内容包括签订试制合同、向初选供应商提供认证项目试制资料、供应商准备样品、对检验过程进行协调与监控、调整技术方案、供应商提供样品、样品评估、确定项目样品供应商和落实样品供应商等，具体如图7-1所示。

7.2.1 签订试制合同

企业与初选供应商签订试制合同，目的是使初选供应商在规定的时间内能够提供符合企业要求的样品。合同中应包括保密内容，即供应商应无条件地遵守企业的保密规定。

试制认证的目的是验证系统设计方案的可行性，同时达成在企业与供应商之间的技术折中方案。

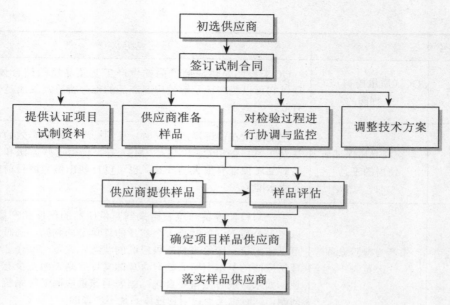

图7-1 样品采购检验流程

7.2.2 向初选供应商提供认证项目试制资料

企业与供应商签订试制合同后，应向供应商提供更详尽的资料，并发出样品试制通知书，具体内容如表7-4所示。

表7-4 样品试制通知书

编号：

样品名称			□主材　　□副材　　□成品		
供应商			物料号		
希望完成日期	年　　月　　日		确认日期		年　　月　　日
应用产品			试验负责人		
资料	（1）成分表：　　（3）成绩单： （2）型号目录：　　（4）抽样：				
具体说明：					
本表 流程	工程部			试验部门		
	经办	主管	经理	经办	主管	□试验报告 □经理 □发行

注：本表一式四份，一份资材部保存；一份工程部保存；一份试验单位保存；一份总经理室保存。

7.2.3　供应商准备样品

供应商收到试制资料以后就可开始进行样品试制的准备工作。样品试制的准备并不是一项简单的工作，对于要求较高或者是全新产品的样品试制的准备通常需要几个月甚至一年的时间，而对于只需稍做改动的产品，其样品试制的准备则需要时间较短。一般来说，同样情况下，电子元器件、机械零件的准备周期相对较短，而组合设备的准备周期相对较长。

7.2.4　对检验过程进行协调与监控

采购员应对检验过程进行协调与监控，这一要求一般是对于那些准备周期较长的项目来说的。

对于认证周期较长的项目，采购员应对其检验过程进行协调与监控，以便在遇到突发事件时能够及时提出解决对策。

7.2.5　调整技术方案

在有些情况下，企业与供应商之间可能会调整技术方案。随着市场环境的变化或知识的增加，会出现设计人员的设计方案与加工过程中需要调整的地方，这也是很正常的现象。有时技术方案是由企业提出的，有时则是由供应商提出的。调整技术方案是不可避免的，只有经过多次调整才能更加完善。

7.2.6　供应商提供样品

供应商把样品试制出来后，应把样品送交给认证部门进行认证。体积较小的样品随身携带即可，体积较大的样品则可通过其他方式进行送检。

7.2.7　样品评估

样品送到认证部门之后要进行的工作就是样品评估。一般参加评估的人员包括设计人员、工艺人员、品管人员、采购人员及计划人员等，其工作内容是对样品进行综合评估。评估内容包括样品的性能、质量及外观等，评估的基准是样品检验报告、原材料（样品）试验报告等。

7.3　对供应商进行现场审核

现场观察是持续改善的基础。一般管理人员往往对现场中的很多问题或者视而不见，或者习以为常，或者认为无法改变。也有很多管理者往往对直观信息熟视无睹，只对数字情有独钟。结果就可能挂一漏万，忽略一些关键线索，不能真正了解企业的真实状况。作为客户，我们应该到供应商的现场，了解其成本构成、生产效率、品质管控。采购方如果要对供应商进行现场审核，首先要组成评审小组与制订评审计划，并告知供应商时间以及程序安排。

7.3.1 现场审核计划

采购方在执行供应商审核前必须制订审核计划，审核计划必须包括评审小组和评审计划，如图7-2所示。

图7-2 供应商审核计划

7.3.2 现场审核的关注点

（1）现场氛围

评审人员在现场首先可以直观地看到最真实的员工精神面貌，士气高昂的员工与邋遢、冷漠的员工会形成鲜明对比。评审小组与现场工人交谈几句，从工人的面部表情和肢体语言也可以得到重要的第一印象，因为这些直接反映了工人的情绪及对工厂的满意度。有一家工厂，大部分车间都播放着欢快的音乐，一眼看过去，工人们劳动热情很高，在这样轻松愉悦的环境中工作，效率相对更高，产品的质量也会让人更有信心。

评审人员在车间走动可以注意观察是否有忙闲不均的现象，例如机器在自动加工的时候，工人长时间在旁边无所事事，或者是有的工位上的工人在长时间等待物料。存在这种现象说明工厂缺乏精益管理，人员利用率低，闲散的员工也会影响其他人的工作氛围，整体工作效率低，成本必然更高。

另外，评审人员应该留意车间的光线是否充足，空气流通是否顺畅，现场是否有异味，噪声是否太大，车间是否整洁，因为这些也会直接影响工人的心情，进而影响生产效率和产品质量。很难想象一个现场氛围懒散、低落、冷漠，员工或心怀怨气或无所事事的工厂能够做好产品、创造效益。

（2）空间利用与布局

如果生产车间很大，结果往往利用率很低，设备及工序布局很分散，除了浪费空间外，物料也在工厂中进行着大量无谓的搬运。

生产车间大，物流线设计不合理，就会出现生产制造过程同一批零件从A区搬到B区，加工完后再搬回A区做后道加工，然后搬到C区处理，最后还要再搬回B区，造成了严重的物流浪费。

原则上当天使用的生产物料应沿生产线存放，而不是在几个库存区分隔存储。工具和工装摆放应尽量靠近机器。工厂布局应保证产品流动的顺畅性，尽量避免任何隔断。如果评审人员在一个工厂中看到物料搬运距离长，搬运路线重复，或者搬运次数多，则说明其布局不合理，空间利用存在问题。

（3）标准化管理

标准是最佳的状态和统一的执行参照。没有标准就无从执行，就没有改进的着眼点。生产现场应该有的标准很多，包括作业和品质标准，5S与安全标准，操作与维护标准，流程与返工标准，安全库存标准等。

很多工厂现场都有SOP（Standard Operation Procedure，标准化作业流程），评审人员可以观察这些标准是否有漏项、能否易于执行、中间是否有断点。检查写的、说的、做的是否一致，质量控制点是否以醒目的标志或颜色加以突出。

评审人员通过观察同一个工序的不同员工具体操作过程，可以发现其中是否有差异，包括动作的顺序、操作力度、是否有遗漏等。有差异说明员工缺乏标准化操作培训，则产品发生变异的可能性大大增加。在供应商审核过程中，曾发现不同的工人紧固四个螺栓的顺序不同，也没有标准扭矩参考，全凭感觉，有的工人会紧固两遍，有的工人只操作一遍，非常容易造成螺栓拧紧力矩不足而脱落，或者拧紧力矩过大而造成滑扣。

（4）质量控制

评审人员在现场观察时应着重留意车间对于不良品的处理方式。好的工厂会将问题暴露出来，而不是将不良品和废品掩盖起来。例如用灯光聚焦废料，或用红色标签将其醒目标出，这样可以立刻知道废料是否在增加，或者生产流程的某段是否正在生产不良品。

有些工厂的角落存放很多不良品，从上面的灰尘可见堆积了相当长时间，但没有任何标志来说明不良的原因和问题所在。若你询问现场工人，工人回答说那些东西都好几个月了，没人清楚是什么问题，也没人处理。若你询问出现不良品如何处理，工人回答是有专人返工，也没人去深究出现不良的原因。品质管理如此混乱的工厂是不可以合作的。

在制品、半成品的可追溯性也可以在现场很容易地被看出来。质量控制比较好的现场，通常每个部件有一张卡片或一份文件跟随流转，注明来源、经手加工的人员、所使用的设备等信息，在任何工序发现问题均可轻易追溯到源头，也便于改善。

评审人员可以通过观察工人对于零部件的防护程度，来判断对品质管理的精细度。比如，有一家电动机厂将转子随意摆放在水泥地面，没有任何防护措施，而定子竖着放在木质工作台上，工人在上部整形，下部的漆包铜线很容易因摩擦损坏绝缘漆，这样的成品电动机质量可想而知。

评审人员通过观察不良品数量和比例，也可初步判断一个工厂的质量控制过程是否合格。比如，评审小组在供应商的生产现场发现存在大量不合格品。经询问工人，得知这条流水线一天的产量平均在1000件，按此估算每天的不良品大约50件，成品不良率高达5%，这说明在前面各道工序有大量质量问题没有被发现，不良品一直到最后，质量控制很弱，制造不良的成本一定很高。

（5）目视化管理

目视化管理是一个生产企业管理水平的直观传达。在管理良好的工厂中，目视化工具随处可见。包括工作场所的组织与标准化、结果性指标目视化、标准作业目视化、控制性指标目视化、自动防错与纠错目视化、警报机制等。评审小组在审核时，应注意寻找各种目视化工具。

目视化的管理看板，可分为静态的和动态的两类。静态的管理看板主要是传达组织长期的管理理念，动态的管理看板是管理者随时要把握的管理信息，更能反映一个工厂的管理水平和能力。

（6）工具设备状态

在质量管控到位的生产现场，设备是整洁而且保养良好的，设备相关信息一目了然并且即时更新。比如，在一个铸造厂的机加工车间，虽然各种车床都不是很先进，甚至历史很长，但都在良好的状态下运转。每台机器的侧面都醒目地贴着一张卡片，上面记录着该设备的型号、采购日期、价格、供应商、维修记录、保养记录等。此外，日常点检表也记录得很完整，有的点检表上清晰地记录着操作工发现的隐患，以及设备部门的签字及处理方案。这说明设备管理和保养形成了良性体系。

而一家工厂，自动化水平很高，但设备经常处于待修理状态，这些设备上没有任何维修保养记录。虽然有每日点检表，但只有设备出现故障停止运行时才发现，说明点检不到位或者敷衍了事。设备的故障可以很早就产生预警并做好相应的准备工作，避免造成长时间停机，严重影响产品交付。

评审人员在现场还可以向员工了解，操作人员和产品开发人员是否参与了设备的采购决策。一线工人与参与产品开发和生产的人员最清楚新设备的优缺点，也最了解生产线的实际需求。在很多工厂，设备采购都由高层或设备部决定，很少征求一线人员意见，导致大量后续的问题。

7.3.3 现场审核注意事项

供应商现场审核是发现问题的最直接的手段，绝大部分问题都会在现场表现出来，可快速对供应商现场做初步评估，由此追根溯源，也可以减少很多工作的盲目性。但评审人员在现场观察时应该注意以下事项。

（1）不能带"有色眼镜"来看现场，不能怀揣着结论到现场找证据，这样往往会有失偏颇。

（2）现场不能光看表面，需要核对说的、写的、做的是否一致，需要多问几个为什么。

（3）应同时以宏观和微观的眼光来看，采用缩的方式聚焦细节，采用放的方式来看整体。

（4）尽量不做笔记，这样会影响观察和思路的连续性，也会让现场人员感到紧张。

7.3.4 供应商审核报告

供应商现场审核完毕后，需要对审核结果做出评判，并得出审核报告。以便供应商修正，同时也为采购方提供选拔依据。

7.4 对供应商进行综合分析、评估

7.4.1 评估的因素

对供应商进行分析是指采购方选择供应商时对许多共同的因素，如价格、品质、供应商信誉、过去与该供应商的交往经验、售后服务等进行考察和评估的整个过程。当采购方对供应商进行分析时，考虑的主要因素有表7-5所示的几点。

表7-5 分析时应考虑的因素

序号	因素	说明
1	价格	连同供应商提供的各种折扣一起考虑，它是最为显而易见的因素，但并不是最重要的
2	品质	企业可能愿意为较高品质付较多的钱
3	服务	选择供应商时，特殊服务有时显得非常重要，甚至发挥着关键作用
4	位置	供应商所处的位置对送货时间、运输成本、紧急订货以及加急服务的回应时间等都有影响。当地购买有助于发展地区经济，形成社区信誉
5	供应商存货政策	如果供应商随时持有备件存货，将有助于设备突发故障的解决
6	柔性	供应商是否愿意及能够回应需求改变、接受设计改变等也是需要重点考虑的因素

采购员应尽可能到现场去了解，有可能一次不够还需要两次或多次，但一般不会超过三次。主要是核实"供应商调查表"的内容是否属实，并评估供应商的能力状况。

7.4.2 评估人员

对于一些比较规范的大型企业而言，对供应商的评估通常有一个评估小组，评估小组通常由副总经理任组长，采购、品管、技术部门的经理、主管、工程师为评估小组成员。

7.4.3 供应商评估表

供应商评估表是用来进行评估的规范化的表格，不同的企业有不同的格式和要求，作为采购新手，你可以从采购部门的文件夹中寻找该表格，若你所在企业没有类似的表格，则可以考虑制定一份规范的表格。以下提供某企业的新供应商评估表（表7-6），供参考。

表7-6 新供应商评估表

供应商名称：　　　　　　　　　　　主要供货产品：
评估日期：　　　　　　　　　　　　供应商代码（评估合格后填写）：

一、供应商资料填写

公司名称			联系电话	
公司地址			传真号码	
联系人		手机号码	E-mail	
工厂名称			联系电话	
工厂地址			传真号码	
联系人		手机号码	E-mail	
公司性质	□制造业　□贸易（代理）　□其他：			
	□私营企业　□合资企业　□外资企业　□其他：			
	□一般纳税人　□小规模纳税人　□其他：			
公司注册资金		公司成立日期	公司人数	
公司主要产品及品牌				
公司主要客户				
公司最近两年营业额				
工厂面积		认证体系	□ ISO 9000　□ ISO 14000　□ UL □其他：	
工厂员工人数		开发工程人数	品质人数	
产品所用原材料的来源和品牌				

二、供应商须提供的资料
（1）营业执照复印件。
（2）公司介绍（或相关资料）。
（3）认证体系证书复印件。
（4）公司（工厂）机器设备清单。
（5）代理商（贸易商）需提供代理证书。

第7章　供应商选择

三、实地评估记录

评估项目	评估内容	评估计分	评估部门	备注
交货保证能力（25分）	（1）产能充足和饱满程度（8分）		采购	
	（2）物流、仓储、运输能力（7分）			
	（3）交货期承诺合理性（5分）			
	（4）计划、跟单安排（5分）			
品质保证能力（50分）	（1）体系完整和执行度（12分）		品管	
	（2）QC（质量控制）人员、设备、质量记录（6分）			
	（3）PQC（过程质量控制）质量记录和工序安排（6分）			
	（4）QA（质量保证）抽样标准、出货保证能力（10分）			
	（5）客户抱怨处理（8分）			
	（6）5S管理（8分）			
工程技术能力（25分）	（1）新产品开发、设计能力（7分）		工程	
	（2）机器、设备的保养、计量与使用（8分）			
	（3）工艺保证能力（10分）			

累计记分：_____

四、评估结果

物控部意见：	签名：	日期：
工程技术部意见：	签名：	日期：
品管部意见：	签名：	日期：
最终结果：□不合格　□合格 备注：	签名：	日期：

对于以上因素，采购员可以用表格的形式（表7-7）来具体体现，从而更加使人一目了然。

新手学 采购 从入门到精通

表 7-7　供应商比较表

采购物品：

比较因素	供应商			
	供应商 A	供应商 B	供应商 C	供应商 D
价格				
品质				
服务				
位置				
供应商存货政策				
柔性				
……				
综合结果				

7.5　确定供应商

7.5.1　做出最终决定

经过以上各个步骤，现在到了最终决定的时候了。采购员在最终决定时还要注意表 7-8 所示事项。

表 7-8　决定供应商的注意事项

序号	事项	原因
1	优先选择本地供应商	由于地利之便，如果品质没有问题，本地供应商应更为优先
2	供应商备选	要考虑到不可预见的因素会影响供应商无法如期交货，如果没有备选方案，就会导致生产受到严重的影响
3	忠诚度	对于那些信誉度不佳的供应商，即使其价格低廉，也不予以选择
4	互惠互利	买卖双方要互惠互利，买卖共赢
5	指定品牌的选择	设计部门容易按照供应商提供的产品样本进行设计，而使采购成为一种限制性采购。采购部门必须对这种限制采购的合理性、标准性和通用性进行调查后再做决定
6	综合利益权衡	现代企业竞争相当激烈，如果供应商属于本企业的竞争厂商，在选择供应商时，必须事先衡量得失，综合考虑加以决定

7.5.2　通知供应商

企业决定了供应商以后，采购员一定要告知被选中的供应商；同时，也要通知未被选中的供应商。而对于未被选中的供应商，更应该告知其最终落选的原因。

7.5.3　形成合格供应商名录

最后，采购员要将供应商的资料存档，并制作合格供应商名录（表7-9），以方便后续订单的管理。

表7-9　合格供应商名录

年　　月　　日

序号	供应商编号	名称	联系方式	供应材料	最后复查时间	备注

确认：　　　　　　　　　　审核：　　　　　　　　　　填表：

第 8 章

采购价格确定

采购价格的高低直接关系到企业最终产品或服务价格的高低，因此，在确保满足其他条件的情况下，力争最低的采购价格是采购员最重要的工作。

8.1 调查采购价格

8.1.1 调查的主要范围

在大型企业里，原材料种类不下万种，但限于人手，要做好采购价格调查并不容易。因此，企业要了解帕累托定律（即80/20效率法则）里所说的"重要少数"，即通常数量上仅占20%的原材料，而其价值却占全体总值的70%～80%。假如企业能掌握住80%左右价值的"重要少数"，那么，就可以达到控制采购成本的真正效益，这就是重点管理法。根据一些企业的实际操作经验，可以把下列六大项目列为主要的采购调查范围。

（1）选定主要原材料20～30种，其价值占全部总值的70%以上。

（2）常用材料、器材属于大量采购项目的。

（3）性能比较特殊的材料、器材（包括主要零配件），一旦供应脱节，可能导致生产中断。

（4）突发事变紧急采购。

（5）波动性物资、器材采购。

（6）计划外资本支出、设备器材的采购，数量巨大，影响经济效益深远的。

8.1.2 信息收集方式

信息收集可分为三类（图8-1）。

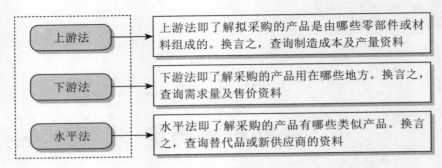

图8-1 信息收集的三大方式

8.1.3 信息收集渠道

信息的收集，常用的渠道如下。

（1）杂志、报纸等媒体。

（2）信息网络或产业调查服务业。

（3）供应商、顾客及同业。

（4）参观展览会或参加研讨会。

（5）加入协会或公会。

8.1.4 处理调查资料

采购员可将采购市场调查所得资料，加以整理、分析与检讨。在此基础上提出报告及建议，即根据调查结果，编制材料调查报告及商业环境分析，对本企业提出有关改进建议（如提供采购方针的参考，以求降低成本，增加利润），并根据科学调查结果，研究更好的采购方法。

8.2 制定采购底价

所谓底价，是采购物品时打算支付的最高价格。

8.2.1 制定底价的益处

制定底价，可以作为决定采购价格的依据，企业可以获得以下效益。

（1）控制预算。采购项目所制定的底价，虽须依据行情资料，但不能超过预算。由于采购项目通常在底价以下决定，预算自能得到控制。

（2）防止围标。如果采购项目不制定底价，只以报价最低者即委以交货或承包工程，报高价的结果，其损失将无法计算；而报低价的结果，将使物料或工程品质降低，延期交货也难以避免。

（3）提高采购作业效率。有了底价，采购员在询价时即有所依据。只要是在底价以下的最低报价，采购员即可依照有关手续签约订购；若无底价作为规范，则采购员必须不断议价，因此也就影响了订约交货的时效。

8.2.2　采购底价的制定方式

底价的制定，不能单凭主观印象和以往的底价或中标记录，否则既不客观也不合理。采购员在制定底价时可采用以下两种方式。

（1）收集价格资料，自行制定

资料来源如下。

① 报刊行情。

② 市场调查资料。

③ 各著名工厂厂价。

④ 行业协会牌价。

⑤ 过去采购记录。

⑥ 临时向有关供应商询价。

⑦ 向其他机构调查采购价格。

（2）请专业人员估计

有些专业化、技术性程度很高的物品、机器或规模浩繁的工程，其底价的制定并非仅根据前述的价格资料即可，还必须请专业人员从事底价估算工作。

8.2.3　采购底价计算方式

（1）科学的计算方式。对于构成价格的各种因素进行科学分析，必要时并采取改进措施。这种方法，以合理的材料成本、人工成本及作业方法为其基础，计算出采购价格。

采购价格的公式为

$$P=C+F \qquad\qquad （公式1）$$
$$C=Ma+t（b+c）（1+d） \qquad\qquad （公式2）$$
$$F=Cr \qquad\qquad （公式3）$$

式中　P —— 采购价格；

　　　C —— 总成本；

　　　F —— 采购对象的预期利润；

　　　M —— 材料的需要量（表示标准材料的尺寸、形状、标准规格）；

a——材料的单价；

t——标准时间（主要作业时间+准备时间）；

b——单位时间的工资率；

c——单位时间的费用率；

d——修正系数（例如为了特急品而加班、连夜赶工及试作等）；

r——预期利润率。

现以某产品为例，说明其计算方法。

M：0.2千克。

a：100元／千克

t：0.03小时。

b：800元。

c：600元

d：6%。

r：8%。

则 C=0.2（千克）×100（元／千克）+0.03（小时）×[800（元）+600（元）]×106%=20（元）+44.52（元）=64.52（元）。

F=Cr=64.52×8%=5.16（元）。

P=C+F=64.52+5.16=69.68（元）。

据此计算，可知该产品的底价为69.68元。

依此科学的方法计算，其依据十分明显，因此，与供应商交涉之际具有充分的说服力。但是，若供应商无法接受时，则应根据各项目的资料，逐一检讨双方的差距，并互相修正错误，以达成协议。

这种方法需要设定各项作业的标准时间，同时也需算出工资率及费用率。因此，应收集有关标准时间的数值资料以及有关工资率及费用率调查资料，按各业别、规模予以分类并加以统计。此外，对于修正系数及预期利润也应预先决定。

（2）成本加利润的计算方式。计算公式为

采购价格=成本+合理利润

① 关于成本。

a.成本=本地制造器材成本+进口器材成本+工程设计成本+安装成本+其他成本。

b.本地制造器材成本＝直接原料成本＋直接人工成本＋间接制造成本＋管理成本。

c.进口器材成本＝进口器材在国外港口船上交货价格×汇率＋保险费及运杂费＋关税。

d.工程设计成本＝设计人工成本＋设计材料成本＋间接费用。

e.安装成本＝安装人工成本＋安装材料成本＋工具损耗成本＋间接费用。

f.其他成本＝财务成本＋其他不属于以上的各项成本。

② 关于合理利润。

合理利润＝本地制造器材成本×合理利润率＋进口器材成本×合理利润率＋工程设计成本×合理利润率＋安装成本×合理利润率＋其他成本×合理利润率。

各项合理利润率需视其资金来源的不同而各异，由成本分析人员参考国内外相关行业的投资报酬率、风险率、市场利率以及财政部核定的相关行业利润率，并考虑预付款及成本内已包括财务成本等因素分别审慎研订。

（3）经验计算方式。有经验的采购员，可凭自己的判断来算出合理的价格。所谓经验计算方式，就是一种直觉的计算方法。

（4）比较前例的计算方式。利用曾被认为适当的同类产品的价格，加以比较检查并进行必要的修正，以决定价格的方式。此种方式，可依据过去累积的数值资料，使价格更加精确，但也可能深受以前价格的影响。

（5）估计计算方式。依据图纸、设计书等，估计者可凭经验及现有信息，估计材料费及加工时间，并乘以单位时间的工资率之后，再加上费用率，即可决定价格。

此种方式，完全依赖估计者的技巧，且在进行评价时，应不断地修正其差距，以获得适当的价格。

8.3　询价

在询价的过程中，为使供应商不致发生报价上的错误，通常采购员应附上辅助性的文件，例如工程发包的规范书、物料分期运送的数量明细表；有时候采购方对于形状特殊且无标准规格的零件或物品，也会提供样品给供应商参考。询价的基本要求如下。

8.3.1　弄清品名与料号

产品的品名以及料号是在询价单上所应必备的最基本资料。供应商必须知道如何来称呼所报价的产品，这即是所谓的品名以及其所代表的料号，这也是买卖双方在日后进行后续追踪时的一个快速查询以及检索的依据。

料号因为在每一客户那里都有其独特的代表性，在使用上要特别注意其正确性。料号中一个位数的不同可能就是版本的不同，甚至可能变成另一个产品的料号。

品名的书写应尽量能从其字面上可以看出产品的特性与种类为佳。

8.3.2　询价项目的数量

通常供应商在报价时都需要知道买方的需求量，这是因为采购量的多寡会影响到价格的计算。数量信息的提供通常包括年需求量、季需求量甚至月需求量，不同等级的需求数量，每一次下单的大约订购数量，或产品生命周期的总需求量。

除了让供应商了解需求量及采购的形态外，采购员也可同时让供应商分析其自身生产能力是否能应付买方的需求。

8.3.3　产品规格书

规格书是一个描述采购产品品质的工具，应包括最新版本的工程图纸、测试规格、材料规格、样品、色板等有助于供应商报价的一切信息。

8.3.4　对产品品质的需求

采购员应该依照产品或服务的不同特性，综合使用数种方式来进行。

（1）品牌。

（2）同级品。

（3）商业标准。

（4）材料与制造方法规格。

（5）性能或功能规格。

（6）工程图纸。

（7）市场等级。

（8）样品。

（9）工作说明书。

8.3.5　说明报价基础要求

报价基础通常包括报价的币值与贸易条件，国内买卖比较单纯，通常都以人民币交易，贸易条件不是以出厂价就是以到厂价（运费是否内含则另议）来计算。国际贸易则比较复杂，报价币值方面供应商多半以美元为计价基础，至于是否以采购当地币值计价，则视汇率的稳定与否有弹性的做法。

8.3.6　提出和了解付款条件

有关付款条件，虽然买卖双方都有各自的公司政策，买方希望付款时间越晚越好；相反，卖方当然是认为越早越好。买方有义务让卖方了解其公司内部的标准付款条件，卖方也可在报价时提出其不同的要求，最后的付款条件则需买卖双方经协议后所确定。

在情况处于买方市场时，竞争性市场中供给超过需求，货品和（或）劳务可容易地被取得，商业的经济力量倾向于导致价格接近于采购的预估价值，买方通常能以较优的付款条件来要求卖方配合，如记账方式。但处于卖方市场时，因为需求超过供给甚多，情况则恰好相反，卖方一般会选择较短的付款期来要求买方，如选择货到付现或预付货款。

另外，对于付款条件尚需要明确注明其时间计算的付款起算日。

8.3.7　明确交货期要求

交货期的要求包括买方对采购产品需要的时间、卖方需要多少时间来准备样品、第一批小量生产及正常时间下单生产所需的时间。供应商虽然可依买方的要求来配合，不过交货期的长短关系着采购产品的价格，买方应视实际需要来提出要求，而非一味地追求及时供货。

8.3.8　提出产品包装要求

包装方式在供应商估算价格时占有很大的比重，除了形状特殊或体积庞大的客户定制品外，供应商对于包装都有其使用的标准纸盒、纸箱以及栈板等包装材料。如果没有另外提出特殊的包装要求，供应商都会以其标准的包装方式来进行估价。有时也不会在报价单上详细注明其标准的包装方式，此时采购员如果没有察觉，日后再追加包装要求，不仅时间被拖延，对于比价的作业也会造成不利的影响。

8.3.9　明确运送地点与交货方式

运送地点的国家、城市、地址及联络电话与传真都必须要清楚地告诉供应商。国内买卖的运输方式常以铁路、公路为主，国际采购中的运送地点与交货方式则决定了价格的计算。如果要求卖方以CIF（成本、保险费和运费）报价，无论海运或空运，运输费与保险费当然由卖方来负担。随运送距离的远近会有不同的计费方式，除非买方指定空运，供应商通常以海运为基础报价，因为海运是最经济的运输方式。

8.3.10　提出售后服务要求

在采购一些设备如冲床、半导体封装设备等时，供应商一般都会提供基本的售后服务与保证期限。如果此时有特殊的要求，例如要求延长保证期限或改变售后服务的内容等应明确提出，因其牵涉采购总持有成本。

8.3.11　供应商的报价到期日

为了方便采购比价作业的时程，报价的到期日应该让供应商有所了解，对于较复杂的产品，应该给予供应商足够的时间进行估价。

8.3.12　签署保密协议

在一些新产品开发的询价上，由于牵涉业务机密的缘故，在对外询价时为了不让竞争对手知道而错失商机，会进一步让供应商签署一份保密协议的文件，要求供应商在规定的年限内不能将新产品计划的名称、采购数量预测、询价的技术要求、规格、图纸等信息向外界透露。

8.3.13　告之供应商有关人员姓名及电话

将采购员与技术员的姓名及联络电话告诉供应商，并非主动暗示供应商有什么暗盘的需要，那是因为如果采购的项目复杂且具技术性，则最好附上技术员的姓名及公司联络电话以供其咨询，以澄清规格要求上的问题。

以下提供两份询价单的样式（表8-1和表8-2）供参考。

表 8-1　询价单（一）

供应商名称：　　　　　　　业务联系人：　　　　　　采购员：
供应商电话：　　　　　　　供应商传真：　　　　　　E-mail：
供应商地址：　　　　　　　供应商传真：　　　　　　询价日期：

项次	物料名称	规格 / 型号	单位	单价 / 元	备注

此报价自_____月份来货起生效。
付款方式：□月结_____天　　□货到付款　　□其他
交货方式：□送货上门　　　　　□托运　　　　□其他
交货周期：

报价人：
（需盖章签名确认）

表8-2 询价单（二）

□急件　　□重要　　□一般编号：

发件单位全称： 公司地址： 联系人： 联系电话： 传真： E-mail：	收件单位全称： 公司地址： 联系人： 联系电话： 传真： E-mail：

主题：询价单

工艺使用说明及要求：

材料询价清单

产品名称	规格说明	数量	单位	单价/元	金额/元	备注
合计						
大写：						

备注：
（1）供货周期：
（2）交货地点：
（3）付款方式：
（4）验收方式：
（5）质保期限：
（6）本询价截止时间：　　　年　　　月　　　日。
　　顺祝
商祺！

8.4　处理供应商的报价

在收到报价后，采购员要对其条款进行仔细分析，对其中的疑问要彻底澄清，而且要求用书面方式作为记录，包括传真、电子邮件等。因为报价中包含有大量的信息。如果可能的话，采购员应要求供应商进行成本清单报价，要求其列出材料成本、人工费用、管理费用等，并将利润率明示。比较不同供应商的报价，采购员会对其合理性有初步的了解。

8.4.1　供应商价格的组成

供应商的价格是由其成本与利润构成的。供应商成本是指提供产品或服务的成本。它包括原材料、劳动力和一般管理费用分摊等成本。将供应商的利润加入其中就得出采购价格，如图8-2所示。

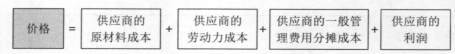

图8-2　供应商的价格构成

8.4.2　影响供应商定价的因素

采购员了解供应商是怎样制定价格的，有助于评估报价并确定这个价格是否值得。各种各样的因素将影响供应商的定价决策，见表8-3。

表8-3　影响供应商定价的因素

序号	主要因素	具体描述
1	生产成本	供应商将花费多少钱提供产品或服务？这包括原材料、劳动力以及间接费用分摊等成本
2	所需产品的确定程度	供应商应该在价格上对任何未预见到的成本预先做出安排。如果对所需产品有一定的不确定性，那么这样的成本就可能比较高，因此供应商就要提高价格
3	竞争程度	如果处于竞争激烈的市场，价格的高低可能更多地取决于竞争对手的价格水平
4	市场情况	如果需求超过了市场供应能力，那么价格将上升；反之亦然
5	客户所感觉的价值	如果知道客户认为产品或服务有价值，那么供应商将可以按溢价收费
6	客户的业务对供应商的吸引程度	例如，如果客户的采购是低值的、不经常的并且客户总是延迟付款，那么供应商就会定价较高，如果客户能带来潜在的显著的销售额增长，或者有及时付款的良好信誉，那么供应商就可以定价较低

当然影响供应商价格的因素也会随着时间而变化，因此采购员应该跟上时代，从而了解主要因素有何动态以及预测趋势如何变化。

8.4.3 价格分析

采购员在考虑报价单的时候，经常要对价格进行分析。有时为了支持基于成本定价的谈判，要使用更加专业的成本分析技术。价格分析不需要深入探究成本细节就可以判断提供的价格是否合理。价格分析可以采用以下几种方法判断价格的合理性。

（1）与其他的价格相比。

（2）与以前支付的价格相比。

（3）与目前采用的价格相比。

（4）与替代品的价格相比。

因为采购员每天都要谈及价格问题，所以需要掌握目前市场中各种物料价格。当然，涉及如建设合同这样的不是每天都发生的项目时，则需要通过与内部的工程造价预算对比的方式来判断价格的合理性。

采购员在收到不同供应商的报价时，会发现有些会高于平均价格，有些会低于平均价格。因此对任何低于标准的价格，采购员都应该进行仔细检查。而较低的价格可能是由于如图8-3所示的几种情况产生的。

情况一	出于得到新客户或新的供应商争取一次机会等原因而做出低的报价。可以把这看作是对采购商转向没有尝试过的新货源所产生的风险进行的一种补偿
情况二	在供应商犯错误或无能为力时也会采用低价。如果供应商的投标超出预算或正常价格变化范围很多（如低于平均报价30%），类似于这样的报价，应该让供应商改正他们的错误或者直接取消他们的报价。因为这在后续的供应过程中会产生很多商业风险，如延迟交货、质量不合格等。可以把这看作是对采购商转向没有尝试过的新货源所产生的风险进行的一种补偿
情况三	供应商产量足够大，足以平衡一般管理费用（特别是期望销售收入已经超出了盈亏平衡点），而且任何高于直接成本的价格都能持续地获利
情况四	供应商工作量不足，商品价格可能会采用包含直接劳动力和原料的价格，而不计入一般管理费用和利润的分摊部分。接受这样的价格对供应商和采购商都是有利的，但是需要谨慎地调查（最好是实地考察）为什么供应商会工作量不足，是不是因为客户对供应商的产品不满意
情况五	长期合作的供应商可能会报一次性低廉的价格，但是这并不排除其他特殊的价格

图8-3 供应商报价较低的可能原因

供应商在报价过程中，可能会由于种种原因报出较低的价格。而作为采购员，则要判断供应商低价的合理性。因为在采购价格判断中，一定要回避一种现象：以低价决定供应商。

8.4.4 成本分析

成本分析是指采购的商品在市场上缺乏有效竞争时所采用的一种方法，这种分析能够使价格更切合实际。它强调的是在采购工作完成之前，对需要采购的商品进行分析，判断应该产生什么样的成本以及成本是多少，这样有利于与供应商的谈判。

 温馨提示

> 成本分析时需要进行成本项目分解，并有大量的成本计算工作，这时，采购部就要有相应的评估人员或成本分析师来从事这项工作。这些人员的工作就像供应商评估自己的销售价格一样，能够对产品的所有成本进行分析，能够判断成本的合理性；他们有着同样的资格、工作经验等所有相关的专业知识。

在供应商按照成本清单进行报价后，采购员可以逐个检查供应商成本细目和采购商成本分析之间的差异来达到相互印证。采购成本分析表见表8-4。

表8-4　采购成本分析表

厂商名称：　　　　　　　　　　　　　　　　　　　　年　　月　　日

产品名称	零件名称		零件料号		估价数量		备注
	序号	名称	规格	厂牌	单价	用量	损耗率	材料费
主材料费								

	序号	工程内容	使用设备	日产量	设备折旧	模具折旧	单价	加工费
加工费								

	序号	加工名称	使用设备	日产量	加工单价	说明
后加工费						

材料费合计		加工费合计		后加工费合计	
营销费用		税金		利润	
总价					

备注：

8.4.5 交易条款与价格的比较

买卖双方在市场交易中，如下一些因素最终会影响到交易的价格，所以采购员在报价分析中应予以考虑。

（1）数量因素：大的采购数量可以获取更多的折扣。

（2）支付方式：如果在较短的时间内向供应商支付货款，供应商可能提供诸如折扣的好处。

（3）时间因素：要求供应商交付的时间越短，价格可能会越高。

（4）质量因素：俗话说"一分价钱，一分货色"就是这个道理。

（5）运输及配送因素：与供应商距离的远近会影响到运输及配送成本。

报价分析表见表8-5。比价、议价记录表见表8-6。

表8-5　报价分析表

表号		规格	
日期		交货	
选择卖主的理由		供应商数量	
报价		其他	

表8-6　比价、议价记录表

单号：　　　　　　　　　　　　　　　请购单号：
第二联承办单位：　　　　　　　　　　日期：

料码	品名规格	数量	厂商名称	原询单价	币别	议价后单价	议价后总价	付款条件 方式	价格条件 天数	交货日期	交运方式	采购拟购

核准：　　　　　　检核：　　　　　　承办单位主管：　　　　　承办人：

8.5　采购价格磋商

8.5.1　尽可能与对方负责人进行价格磋商

价格磋商尽管有级别的要求，但为了有效地完成价格磋商，缩短价格谈判的过程，除非供应商有级别对等的要求，否则采购员尽可能与对方负责人直接进行价格磋商。

8.5.2　完善谈判技巧

在减价磋商中，难免会遇到一些诡辩与抱怨的人，他们在磋商时，常提出似是而非的言论，例如产品的利润空间已经很小了，工人要求加薪、减少工作时间以及物价上涨等，目的是强调价格不能再降低了。因此采购员要根据实际计算的成本来加以一一反驳，使对方无计可施，从而达到降价的目的。因此，采购员要尽可能掌握如下资料。

（1）该项物品在市场上的最低采购价格是多少。

（2）当买卖双方对产品的估价出入较大时，要尽快查明原因并想法缩小此差异。

8.5.3　了解产品的成本构成及影响因素

采购员在进行采购物品减价磋商前，要知道所采购的物料的销售价格是如何决定的，其成本结构如何。只有了解其成本结构的详细内容后，才有可能达到减价的目的。

采购员必须了解产品价格的构成因素。

（1）由市场供求关系决定。

（2）价格会因计算方法不同而有所差别。

（3）交货日期、付款办法及采购量也会影响价格。

（4）季节性的变动也会影响价格。

（5）因供应商成本的因素而决定。

（6）受国家政策的影响。

（7）受物价波动的影响。

8.5.4　了解供应商的情况

就买卖双方的合作关系，采购员还要考虑下列因素。

（1）企业规模大小的比较。

（2）供应商对采购商的依赖程度，即采购商在供应商营业额中所占的比例。

（3）供应商在行业内及市场上的信誉度评价。

（4）供应商的技术水准及市场份额。

（5）供应商销售情况。

（6）供应商经办人的经验及实力。

采购员知晓以上因素，才可能知己知彼，知道自己与对方的状况，而采取相应的对策，才能百战百胜。

8.5.5　合适的人与合适的对象

进行价格磋商的人，要有生产技术、成本、法律等方面的知识，才能胜任减价的磋商。否则，尽管采购员具有强烈的责任感，但能力有限，也是无济于事的。所以有时需要有专门知识的人员随同前往交涉，例如专业工程师、会计师等。

有了前往进行价格磋商的合适人选后，还需要找对磋商的对象。一般来说，供应商的销售人员不一定了解决定价格的因素，不具备技术及管理方面的知识，但我们要尊重对方人员，和他们交朋友，从与他们交谈中获取对方有价格决定权的人员等重要信息。然后有针对性地与这个人去打交道，如此才能圆满完成任务。

8.5.6 有利的时间与地点

进行价格磋商的地点可以是买卖双方的会议室、会客室或两方以外的地点，如饭店、咖啡店等。

采购员在选择地点时，应注意交涉降价物品的种类、对方企业的实力、信誉度、待人接物规范性等。

通常在小房间或安静的地方进行价格交涉的效果比大房间要佳，因为在大房间商谈容易受外部干扰，感觉比较疏远，气氛较差，不易缩短交涉双方的距离。也有因为需建立起彼此间长期的感情，而采用一同进行休闲活动的，如打高尔夫球、乒乓球或健身活动等。

至于时间的选定要因人而异。由于人容易被环境、时间的改变影响情绪，所以聪明的交涉者要能察言观色，事先加以留意而见机行事。

第 ⑨ 章

采购合同签订与管理

买卖双方为了确保本身的权益与履行应尽的责任，通常在交易时，应签订双方共同遵守的采购合同。

9.1 拟订采购合同

9.1.1 采购合同的条款

采购买卖条件一经协议，即双方将协议细节、权利与义务在书面合同上详细记载，以取得法律的保障。但是采购合同并无一定标准格式，其内容通常视采购本身的性质与类别而定，不过无论哪类物质的采购合同常可分两大条款，一种为基本条款，常见于合同正面；另一种为一般条款，通常记录在合同背面。

（1）基本条款。一般采购机构大都以印制合同格式使用，如遇采购特殊物资，所商定买卖条件较复杂时，才须另外草拟合同。常见合同正面内容有两个项目，如图9-1所示：

前文	包括签订合同时间，合同号码，合同当事人的名称、住址，签订合同的内容及有关说明
基本条款	即合同内最主要的项目，包括货品名称（Commodity）、品质（Quality）、数量（Quantity）、单价及总价（Unit Price & Amount）、交货期（Shipment）、到达地（Destination）、包装（Packing）、保险（Insurance）、付款（Payment）、检验（Inspection）

图9-1 常见合同正面内容

（2）一般条款。一般条款即指买卖合同中主要条件及项目的补充说明。一般条款大都印在正式合同的背面，若内容太复杂，也有另行印制附列。一般条款的内容说明如表9-1所示。

表9-1 一般条款的内容说明

序号	项目	内容说明
1	制定目的	一般条款虽是合同主要条件的补充说明，也含有保护制作合同一方的权益作用
2	条款效力	即表示合同正面基本条款有约定者，应优先适用。在实务上，往往买方所制作的合同一般条款，部分条文未为卖方所接受，另由卖方提出修正意见经买方同意接受者列为合同特别条款，此"特别条款"的适用效力优于一般条款
3	格式	一般条款格式无一定标准，视买卖双方需要而定。一般条款无固定项目，大都是对基本条款或基本条款以外有特殊条款加以阐释，为其定义做适当的补充说明。其目的无非为保护买方的权益
4	其他项目	如合同效期、合同转让与不可转让、违约与解约、索赔等，应斟酌情形列入

9.1.2 采购合同制作的流程

采购合同，实质上是指"订购单""购货确认书""订购合同"而言。所谓合同的制作是指将双方交易协商结果，逐项填入标准格式的合同，若有特殊情形，原有合同格式不够用时，再另加特别条款，以双方签署始生效。一般而言，合同制作的方法如下。

（1）采用事先已印制的标准合同格式，此方法适用于一般性采购。

（2）重拟合同条款，此方法是原有合同格式无法适用时，才另拟合同草稿，经双方同意签署才生效，它适用于特殊采购。

在采购实务上，买卖主要条件经双方协议一致，合同即告成立。将双方谈妥的买卖条件列入合同中，即变成采购合同基本条款。换句话说，如果买卖条件未经谈妥，则合同也无法成立，所以在程序上买卖条件须确定在先，然后才可签约，使其成为合同条款。在实质上，买卖条件与合同条款两者的内容是一致的，但有时双方商谈只谈主要条件，至于有关细节则言明于书面合同再补充，但仍不得违反双方协议原则。

9.1.3 草拟采购合同应注意的事项

采购是一项极烦琐又复杂的工作，因为其所涉及的范围很广，因此采购员在签订买卖条款时必须以最明智、最适当、最迅速的判断来处理。对于各项采购条件采购员必须事前有周全缜密的考虑，如稍有疏忽，极易造成日后不必要的纠纷。

采购员明白这个道理，易稳操胜券，否则实难确保采购品质，更不必侈言"如期交货"或"折扣"了。

拟制采购合同应注意的事项较多，具体如表9-2所示。

表9-2　拟制采购合同注意事项

序号	条款内容	主要注意事项
1	货品名称	（1）品名的书写，宜采用国内或全球通用名称为原则。因同一货品的品种及项目很多，因此称呼也不同，为避免混淆或发生错误，最好采用通俗化的一般名称 （2）品名的书写必须工整，避免笔误，有时因一字之差会导致无谓的麻烦
2	品质及规格	（1）注意货品规格、品质是否适当，因工业水准不同，其品质也有差异 （2）注意品质判定方法，这包括当品质规格不符时的查证机关与证明方法和出现不良品时的处理方法
3	数量	（1）注意货品的数量是采用毛重还是净重 （2）假如货品数量不足，是否订有适当的解决方法
4	价格	（1）在价格方面应该注意有关价格条件、币值变动及价格变化的处理方法 （2）国外采购货物，更须留意汇率波动
5	包装	（1）包装方法很多，有散装、木箱装、桶装、纸箱装、袋装、瓶装等，注意包装时究竟采用哪一种方式包装 （2）特殊性能物资采用哪一种方式包装，都应详加注明
6	供应地区	（1）须注意进口货品与海关输入的规定，如有些产品是管制进口的 （2）有些货品如机器设备订约商与他国制造厂技术合作，是否可以接受
7	交货	须注意交货期限与开发信用证日期是否符合
8	运输	（1）运输方法是海运、空运还是陆运 （2）是采用一次装运还是分批装运？如分批装运，其批次、数量及日期是否列明？诸如种种均须记载清楚
9	付款方法	（1）付款方法有现金支付、支票支付，或一次付清或分期付款，均须列明 （2）国外的信用证开发日期是否与装船期相符合
10	保险	（1）所列条件是否适当 （2）保险金额是否合理并应注意保险时效与投保手续

序号	条款内容	主要注意事项
11	质量与检验	（1）货品质量与数量，在协议上须详细记载 （2）该货品究竟由厂商检验还是独立公证，以及检验期限，均须注意
12	运费、保险费及汇率变动	（1）有关运费、保险费究竟由买方或卖方支付，应在契约上详细注明 （2）汇率变动风险，也应注明清楚，以杜绝争端

　　采购员可参考标准合同范本来拟订，而具体操作时一定要将双方洽谈的内容写进去，反复与对方确认是否达成一致、符合双方的真实意愿，并逐一校对文字的准确性，尤其是数据的准确性。

 温馨提示

　　签订合同往往涉及法律，而法律比较复杂，具有极强的专业性和技术性。所以，合同最好请律师拟订或审查修改，以防因存在漏洞而导致风险。

【范本】▶▶▶

××股份有限公司采购合约

　　××股份有限公司（以下简称甲方）与××股份有限公司（以下简称乙方）经协商一致，双方达成协议条款如下。

　　第一条　目的

　　甲方委托乙方制造本合约所附"附件"（略）所订的物品，乙方同意制造所提示规格的物品供应甲方。

　　第二条　采购单价

　　（1）"附件"中所记载的采购单价是根据甲、乙双方的协议而订的，并将其固定1年，每年按实际需要由甲、乙双方重新协议而修订。

　　（2）当采购报价决定后，乙方应根据甲方所指定的格式、内容，迅速将报价明细提供给甲方。

新手学 **采购** 从入门到精通

（3）当制造成本有显著变动，超过±5%以上（含），影响到本合约所订的采购业务，而导致甲方或乙方希望修订采购单价时，双方应书面通知对方以作为单价修订及实施日期的协议。

（4）采购单价除在"附件"有特别约定外，是指为甲方的工厂交货价格。

（5）"附件"中所记载的推定购入数量，并不表示甲方向乙方保证购买数量。甲方在本合约有效期间内，可变更推定采购数量，予以追加或削减。

（6）前项的推定采购数量仅是甲方向乙方提示以作为估价条件，如合约期满后，甲方所采购的实际数量和该推定采购数量之间有大幅差异时，双方可以提出要求修改单价并做结算。

第三条 订货、交货期

（1）特殊零件的备料，甲方应按"附件"中所制定的采购时间确定交货，对于"附件"中有关订货方法无特别规定者，以1个月为交货期来确定订单。

（2）甲方依本合约所附"附件"的订货单中载明的交货日期及每次的交货数量通知乙方。乙方应遵守订货单所载内容交货，除甲、乙双方在事前以书面同意变更订货单的约定内容外，乙方的交货不得与订货单的约定内容有异。

（3）乙方对于甲方的订货内容如有异议时，如是正常的订货，应于接到订货单后5日（甲方的工作日）以内，若是紧急订货应于接到订货单后1日（甲方的工作日）以内，以书面通知甲方。如无乙方的通知，即表示乙方同意甲方订货单记载的交货及数量。

第四条 交货

（1）乙方于交货时需附甲方所指定的交货单及甲方指定的货品出库检查记录表，并务必于确定交货期限内交入甲方工厂。

（2）因可归于乙方的责任导致交货期延迟，使得必须紧急出货时，所需的费用或甲方用别的方法向第三者发出订货时所需的费用等应由乙方负担。如因此导致甲方遭受损失时，乙方需赔偿其损失。若因不可抗力因素所导致的交货延迟，则乙方不须赔偿或负担其费用。

（3）应甲方的要求必须变更订单所记载的交货期，应由甲、乙双方协议后，以书面为准。

第五条　验收

（1）甲方对乙方所交的货物在出货时，如有必要，甲方可要求乙方或乙方的协作供应商进行会同检查。甲方对于检查过的物品，确定品质及数量均合乎甲方的要求，应进行验收手续。

（2）未验收过的物品，如在甲方的生产线上或客户处发现品质不良的情况，则品质责任归于乙方，由乙方负责。

第六条　交货及所有权转移

货物自第五条第（1）项验收交货完毕时起，所有权从乙方转移给甲方。

第七条　付款方式

乙方的货款以甲方所订付款条件为基准支付乙方，付款方式由甲、乙双方协议决定。

第八条　品质保证及瑕疵担保责任

（1）乙方对所交货品，保证品质符合甲方所要求的式样规格。

（2）乙方交给甲方的货物自第六条交货日算起1年以内（甲、乙双方另有协议而有其他保证期间者除外），当甲方发现有品质不良、数量不足或其他隐藏性瑕疵时，且是归属乙方的责任，应立即将不良内容通知乙方，并可要求交换不良品或不足数量，或整修瑕疵品，甚或要求减价，或为了使甲方减轻损失至最低限度所需的处置费用的赔偿请求。若是人为使用不当及不可抗力因素所发生的损失，不得归乙方负责及请求赔偿。

（3）发生前项的瑕疵致使乙方必须再次出货时，其有关再出货的各项费用由乙方负担。甲方如因此而蒙受损失，可对乙方请求损失赔偿。

（4）本条第（2）项，乙方在收到甲方的通知时，除在"附件"中有其他特别的规定外，由双方协议交期后将正规部品交给甲方。

第九条　订货数量的取消处理

（1）甲方由于生产调节等原因需削减订货量或全部取消时，应立即和乙方进行协议，并调查此时的实际状况，如确实有补偿的必要时，甲、乙双方按协议补偿的金额支付给乙方。

① 有关于乙方已交的数量或已制造完成品，除非有特别约定，甲方以附件中所定的采购期间为限，核算货品价格。

② 在取消订单前，乙方也已准备完毕，或乙方已向第三者订货完毕且

已无法取消、转卖或留用的材料，除有特别约定外，甲方将以附件所定的采购期间为限，核定原材料的金额。

③ 乙方制造半成品时，核算货品价格时应包括材料和投入人工费用。

（2）甲方仅支付乙方前项第① 款的费用或第① ～③ 款费用的合计金额，乙方对于前项的处置不得向甲方请求本条款中所订以外的其他项损害赔偿或其他任何金钱的请求。

第十条　设计变更

（1）甲方基于设计上需要的设计变更，乙方有义务配合做产品的相应变更，包括新部品编号估价、制作导入及旧部品编号的成品、半成品调查。

（2）设计变更而导致产品价格变动时，另外依据甲方的管理办法另行管理，本合约不做变更。

第十一条　零件及原料的供应

（1）乙方在制造产品时，甲方认为有必要或乙方要求时，甲方得提供零件或原料（以下统称"支给材料"）以有偿的方式供应乙方。乙方在收到甲方的"支给材料"传票时，应于指定日期内向甲方仓储部凭支给传票领取。

（2）"支给材料"原则上采用固定价格计算，甲方一次报价给乙方，乙方在取得"支给材料"后，甲方凭乙方的领取传票开立发票给乙方，收款采用冲账方式。

（3）乙方对于"支给材料"应妥善保管，务必使其不受破损、污损、变质、遗失等。乙方应甲方的要求，须向甲方报告"支给材料"的库存状况。

（4）乙方不得将"支给材料"用于本合约所订货品以外的产品，且不得转让质押给第三者。

（5）乙方将订货数量制造完以后，如果"支给材料"仍然有剩余时，乙方可按取得时原价退还给甲方。

（6）乙方遇有第二十三条记载的各事项之一时，现存在乙方或乙方关系企业的"支给材料"，甲方有权要求收回。乙方在甲方未收回"支给材料"的期间，仍须负有本条第3项同样的注意而善加保管的责任。

（7）"支给材料"如有品质上的问题时，由甲、乙双方协商判断责任归属后，由责任的一方负担费用。

第十二条　机械设备

（1）甲方视实际需要有时会借给乙方有关制造所需的机械、测定器等（以下统称"机械设备"），乙方在收到"机械设备"后，须立即向甲方出借据。

（2）乙方依据前项约定应对所借的"机械设备"加以妥善保管，使其不受毁损，也不得有将"机械设备"转让等侵害甲方所有权的一切行为，并以正常用法使用。同时按甲方指示，以乙方的费用对"机械设备"等投保相当价额的相关财产保险。

（3）乙方对所借用的"机械设备"等，当使用完毕或甲方要求归还时，乙方必须将借用的"机械设备"等归还甲方。

（4）因可归责于乙方的事由而导致将甲方所借给的"机械设备"等遗失或毁损时，乙方除应立即向甲方报告外，并应负责将"机械设备"等重新制造或修复，使其恢复原状。如因损害而致无法复原者，需负赔偿的责任。但因一般正常使用的自然耗损，则不在此限。

第十三条　模具

有关货品制造上必须使用的模具的采购、费用、所有权归属及保管处理等有关事项，甲、乙双方另行书面规定。

第十四条　技术资料的借给

（1）有关制造货品所需的图纸、规格、式样书、样本、技术资料及其他资料（以下统称"技术资料"），由乙方提出借用证，甲方借用。

（2）甲方借给乙方的"技术资料"，当合约结束时或甲方要求归还时，乙方须立即归还该"技术资料"及所有副本，属乙方的Know-How（专有技术或技术诀窍）部分则不需归还给甲方。

（3）因可归责于乙方的事由，将甲方所借给的"技术资料"遗失或毁损时，除立即向甲方报告外，并负赔偿责任。

第十五条　交易规定

（1）乙方未经甲方的书面同意不得擅自将物品或甲方所借与的图纸、规格、式样书、Know-How等提供给第三者制造产品，并不得将"技术资料"贩卖给第三者。在本合约签订前，已在市场贩卖的物品则不在此限。甲方未经乙方书面同意也不得将乙方所提供的图纸、规格书、Know-How等提供或販卖给乙方的竞争供应商。

（2）乙方事前未经甲方的书面同意，不得擅自将物品的全部或其重要的部分托付给乙方的子公司或其关系公司，或第三者制造。属乙方的Know-How部分则不在此限。

（3）在前项的情况时，乙方须要求其关系公司也相应地遵守本合约中乙方的义务。

第十六条　技术指导

（1）甲方视实际需要或按乙方的请求，乙方可通过甲方本身实施技术指导。

（2）乙方遵守甲方的要求而达成甲、乙双方的协议，乙方可请求甲方为提高生产、降低成本、提高品质及信赖性的技术援助。

第十七条　报告义务

（1）甲方可随时请求乙方出示乙方公告的财务资料，或对其财务情况及营业状况等加以说明，或迅速提出有关的报告书，乙方不得拒绝。

（2）乙方的事业发生重大的变更或有发生的可能性时，应立即将其内容通知甲方。

（3）甲方在本合约有效期间中，甚至终了后，因前两项所得知乙方营业上或财务上的机密等事实，保证不泄露给第三者。

（4）乙方依据甲方的指定式样，对附件中所规定物品的交易内容，以物品别、订货量别、售货金额别作成报告书。每6个月1次，向甲方提出报告。

第十八条　技术性成果的通报义务

乙方依据第十四条向甲方所借用的"技术资料"或由于物品制造而有所发明、改良、专利的取得等，或取得其他有关资料、Know-How时，须立即向甲方报告并说明其内容。

第十九条　工业财产权

（1）乙方按甲方提供的"技术资料"研究而获得发明、改良、新式样、创新等的专利权、实用新式样、商标权（以下统称"工业财产权"）的权利归属甲方所有。属乙方Know-How部分，则"工业财产权"不归甲方。

（2）甲方因前项而愿将"工业财产权"（仅限甲方提供部分）出让时，乙方应提供甲方有关该项发明、改良、新式样的图纸、规格书等资料，同时乙方应依循甲方的请求做适当的协助。

（3）乙方交给甲方的物品，除甲方所指定的部分外，乙方须留意不抵触第三者的工业财产权、著作权，万一发生抵触的问题时，须迅速通知甲方，并由乙方负责提出解决问题的方案。若有损失，乙方应负赔偿的责任。

第二十条　合同检查

甲方为了确保货品的品质，视其必要可要求会同乙方实施检查。

第二十一条　机密保持

本合约第十四条乙方得自甲方的所有"技术资料"及由第十八条研究出来的技术成果，及因本合约而获得甲方的其他资料，须负保守机密的责任。并且在未经甲方书面同意前，无论任何情况不得泄露给第三者。甲方也应在未经乙方书面同意前，不得泄露乙方提供的研究成果给第三者。

第二十二条　中途终止

（1）甲方或乙方拟中途终止合约，需提前3个月书面通知对方，经双方协议才可终止合约。

（2）基于前项，即使终止合约，已确定物品的合约仍存续有效。

第二十三条　终止

甲、乙双方发生下列的事由，或判断有其发生的可能性时，双方依据书面通知可终止合约。

（1）违反本合约条款的任何一项。

（2）无正常理由而在期限内确定其无履行合约的迹象时。

（3）一方受到强制执行或销税滞纳处分、其他法律的处分或有公司重整、清算手续开始或做破产的宣告时。

（4）发生资金减少、停止营业或业务转让、变更、合并的决议时。

（5）受到停止营业、吊销营业执照或营业登记取消的处分时。

（6）签发的票据遭受退票止付时。

第二十四条　合约终了时的处置

（1）本合约于合约届满后，若无自动延续情况时，其将失效。而在合约终了时，乙方应立即归还向甲方所借的一切"技术资料""支给材料""机械设备"等。据第十九条甲方可以无偿取得乙方已获有专利的发明、改良、新式样等所有资料，依据甲方指示，乙方应立即将物品（包括半成品）缴纳或毁损。

（2）甲方依前项后段所示，按缴纳数量将甲、乙双方协议计算的金额支付给乙方。但支付的定金或损失金等，甲方的责权存在时，要以冲账的方式由结算金额中扣除。

（3）本合约纵使欺瞒，合约终止或其他的事由终了，第八条、第十八条、第二十一条仍然存续有效。

第二十五条　危险负担

依据第六条的规定，在乙方完成物品的交货前，物品的全部或一部分已灭失、毁损或变质时，危险的负担依据下列而为之。

（1）应归属甲方的责任事由时，则由甲方负担。

（2）为其他的事由时，则由乙方负担。

第二十六条　出口规定

乙方根据甲方所提供的"技术资料"或利用"技术资料"生产的物品或其他制品，无论直接或间接出口，在出口时必须取得输出许可证，方可出口。

第二十七条　损失赔偿

基于乙方的责任理由，甲方蒙受损失时，乙方应负其损失的赔偿责任。

第二十八条　修订

本合约依据甲、乙双方具有正式权限的代表者的书面同意才可修订该合约。

第二十九条　有效期限

本合约的有效期限是自合约签订日开始，以1年为期。但在期满前2个月，双方均无书面表示异议者，自合约期满日开始，自动延续1年，有关此后的更新亦相同。

第三十条　附则

（1）本合约未尽事宜项或对合约款项的解释产生疑义时，双方应本着诚意进行协议而做决定。

（2）如就本合约发生争议时，双方同意以××地方法院为第一审查管辖法院。

（3）本合约一式两份，由甲、乙双方签名盖章后生效，由双方各持一份。

9.1.4 采购合同制定常见问题与解决方法

在大多数情况下，虽然采购方与供应商有大量的合同样本可以参照，但仍有一些值得重视的问题。尽管一些解决办法看上去只是普通常识，但采购员如果能仔细考量这些问题，对确保一份可靠的合同和良好的供应商关系是大有益处的。这些问题可分为三大类，如表9-3所示。

表9-3 采购合同制定常见问题与解决方法

问题类别	问题	解决办法
合同授予前	资源选择不正确	要懂得如何应用供应商的能力来满足企业的需求，并要将两者有机地结合到可行的合同之中
	陌生的语言与合同模式	除非有意外情况，采购员要永远坚持，谈判时使用自己熟悉的合同文件和格式。即使不得不采用供应商的格式，采购员也要自己准备一份对照表，上面列出本方的重点要求
	模糊的期望和目的	采购员要充当一次"关系经理"，来确保合同双方对合同内容都彻底理解。采购员要成为有效的"沟通渠道"，把采购方的意见传递给供应商，同时将供应商的意见提供给本方有关部门。这些信息包括双方的意图、目的和责任
谈判期间	模棱两可的语言和条款	做到语言表达清晰具体。在整个合同谈判过程中，有关的定义与合同条款，以及对对方责任的要求都要详细阐明。对双方都认可的内容要写入合同
	过分的乐观或不切实际的期望	将先前制定的标准和供应商的生产能力反复比较，确保现实的期望。合同谈判是"给予-拿取"的过程，预先设定的期望很可能发生变动。因此，每当发现本方的期望和供应商的条件不能吻合时，应立即同相关部门人员进行沟通，拿出解决方案
	对如何取消合同没有认真计划	制定取消合同的策略。为了避免不必要的责任，策略中要明确可以实施什么权利。当不得不终止一份合同时，必须保证这种做法是公平合理的，而且要尽可能避开任何法律问题。要让对方明白，这样做对供应商是有长期性好处的
合同授予后	误以为谈判已经结束	主动对必要之处进行修改，并对整份合同进行复查。不能因为合同已经执行，谈判就结束了。成功的谈判哲理是，谈判开始前，谈判已经开始；谈判结束后，谈判仍在继续。所以，采购员要时刻留意双方的关系，应以合同作为基准来理解持续出现的问题。定期同供应商进行正式的合同核查，能使双方的交流更充分

9.2 采购合同提交审批

采购员应按本企业的《合同审批程序与权限管理流程》的规定程序与权限，按顺序依次将采购合同逐级呈报审批。这一点，采购新手尤其要注意，不要把程序弄错了，造成越级审批，或者是因为不熟悉程序而使合同审批耽延。

9.3 采购合同签订

接下来就是签订双方同意的合同。有的合同双方签字就行了，特别是自然人之间的合同。但是企业与企业之间、企业与个人之间的合同，一般情况下除了签字外还需要盖章。

在签订重大合同时，最好是双方当面签订，以免另一方采用欺骗手段签订假合同。

另外，签订重大合同，要看签订合同的另一方是否为法人代表、是否为授权代表、是否有资格签订特定的合同。因此未经授权的普通职工甚至是经理、总经理签订的合同有时未必为合法有效的合同。例如供应商一个销售部经理签下产品销售合同，但如果该经理未经授权，则这一合同同样可能无效。

签订的合同如果为多页，双方除了在末页签字盖章外，最好是双方加盖骑缝章，以免影响其他页内容的真实性从而发生纠纷。

9.4 采购合同的修改

一般采购合同签订以后以不再变更为原则，但为了维护共同利益，需经买卖双方共同协议对合同加以修改，合同的修改必须在不损及买卖双方的利益及其他关系人的权益下进行，通常有下列情形时，需协议修改合同条款。

9.4.1 作业错误而经调查原始技术资料可予证实的

合同签订以后如发现作业有错误而须加以更正时，应以原始技术资料为准而经买卖双方协议加以修正，并将修正情形通知相关单位。

9.4.2 制造条件的改变而导致卖方不能履约的

由于合同履行督导期间发现因制造条件的改变，因而判定卖方不能履约，但因物料的供应不能终止合同或解约，重新订购无法应急时，买方可以协议适度地修改原合同后要求卖方继续履约。

9.4.3 以成本计价签约而价格有修订必要的

以成本计价的合同，由于成本的改变而超过合同规定的限度时，买卖双方均可提出要求修订合同所订的总成本。固定售价合同其价格以不再改变为原则，但如有下述情形时可协议修改。

（1）由于生产材料价格的暴跌致使卖方获取暴利时，可协议修订价格。

（2）由于生产材料价格的暴涨致使买方履约交货困难，解约重购对买卖双方不利时，可协议修订价格。

9.5 采购合同的取消

取消合同即是不履行合同的义务，因此为了公平的原则，不遵守合同的一方必须负发生取消合同的责任。但在法律上，到底哪一方须负担责任，须视实际情形来决定，一般取消合同大致有违约的取消、为了买方的方便而取消、双方同意取消合同三种情形，具体内容如下。

9.5.1 违约的取消

违反合同有两种情况，如图9-2所示。

卖方不依约履行	买方的违约
例如，交货的规格不符、不按时交货，其违约的原因可能是故意、无能力履行或其他无法控制的因素所造成的	例如，不按时开发信用证而取消合同

图9-2　违反合同的两种情况

9.5.2 为了买方的方便而取消

例如，买方由于利益或其他因素不愿接受合同的物质而取消合同，此时卖方可要求买方赔偿其所遭受的损失。

9.5.3 双方同意取消合同

此种大都出于不可抗力的情形而发生者。

9.6 合同的终止

为维护买卖双方的权益，在采购合同内订有终止合同的条款，以便在必要时终止合同的全部或其中的一部分。

9.6.1 采购合同终止的时机

在履约期间，因受天灾、人祸或其他不可抗力的因素，使供应商丧失履约能力时，买卖双方均可要求终止合同。

有以下原因发生时，采购方可要求终止合同，即发现报价不实，有图谋暴利时；有严重损害国家利益时；在履约督导时发现严重缺点，经要求改善而无法改进以致不能履行合同时；有违法行为而经查证属实者。

9.6.2 合同终止的赔偿责任

因需要变更而由采购方要求终止合同者，供应商因而遭受的损失，由采购方负责赔偿。

因供应商不能履约，如果属于天灾、人祸或不可抗力因素所引起的，买卖双方都不负赔偿责任。但如果供应商不能履约是属于人为因素，采购方的损失由供应商负责赔偿。

因特殊原因而导致合同终止的，买卖双方应负何种程度的赔偿责任，除合同中另有规定而依其规定外，应会同有关单位及签约双方共同协议解决，如无法达成协议时则可采取法律途径解决。

9.6.3 国内采购合同终止的程序

采购方验收单位根据规定终止合同时，应即通知供应商，并在通知书上说明合同终止的范围及其生效的日期。

供应商接获通知以后，应立即按照下列程序办理。

（1）依照采购方终止合同通知书所列范围与日期停止生产。

（2）除为了完成未终止合同部分的工作所需外，不再继续进料、雇工等。

（3）对于合同内被终止部分有关工作的所有订单及分包合同，应立即终止。

（4）对于供应商对他人的订单及分包合同终止所造成的损失，可按终止责任要求赔偿。

（5）对于终止合同内已制成的各种成品、半成品及有关该合同的图样、资料，依照采购方的要求而送到指定的地点。

若合同终止责任属于采购方，供应商在接获合同终止通知书后，可在60天内申请赔偿。如供应商未能在规定的期间提出请求，则采购方依情况决定是否给予供应商赔偿。

若合同终止责任属于供应商，供应商应在接获合同终止通知书后，在规定期内履行赔偿责任。如果终止合同仅为原合同的一部分时，对于原合同未终止部分应继续履行。

9.6.4　国外采购合同终止的程序

采购合同规定以收到信用证为准并订明在收到信用证以后多少日起为交货日期，由于其在开发信用证以前尚未具体生效，此时无论买卖双方是否要求终止合同，都可通知对方而不负任何赔偿责任。

信用证有效日期已过而供应商未能在有效期内装运并办理押汇时，采购方不同意展延信用证日期而终止合同，此时采购方不负任何赔偿责任。

如果在交货期中终止合同时，除合同另有规定以外，合同的终止需经买卖双方协议同意后才可，否则可视实际责任要求对方负责赔偿。

第 ⑩ 章

采购订单处理

任何作业都有一定的程序或须经过一定的手续，采购订单的处理也如此，一般而言，采购订单的处理需要经过以下步骤。

10.1 请购的确认

10.1.1 确认需求

确认需求就是在采购作业之前，应先确定购买哪些物品、买多少、何时买、由谁决定等，这是采购活动的起点。

（1）发出采购需求的部门。采购需求往往以请购单的形式提出。通常，请购单都是由图10-1所列人员或部门提出的。

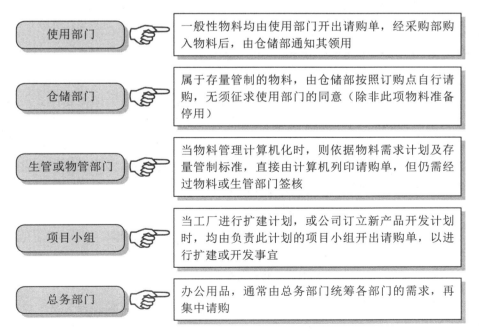

使用部门	一般性物料均由使用部门开出请购单，经采购部购入物料后，由仓储部通知其领用
仓储部门	属于存量管制的物料，由仓储部按照订购点自行请购，无须征求使用部门的同意（除非此项物料准备停用）
生管或物管部门	当物料管理计算机化时，则依据物料需求计划及存量管制标准，直接由计算机列印请购单，但仍需经过物料或生管部门签核
项目小组	当工厂进行扩建计划，或公司订立新产品开发计划时，均由负责此计划的项目小组开出请购单，以进行扩建或开发事宜
总务部门	办公用品，通常由总务部门统筹各部门的需求，再集中请购

图10-1　发出采购需求的部门

为避免发生采购标的与请购需求不能完全符合，提出部门应注意下列事项，如表10-1所列。

表10-1　提出采购申请的要求

序号	注意事项	具体要求
1	适当的请购人	请购所需求的内容，由使用部门或统筹管理的部门填写。由这些部门提出请购，最能正确表达各项需求的内容与附属条件
2	以书面的方式提出	物料的采购，有时牵涉相当复杂的内容，若仅以口头方式提出要求，不但容易发生沟通上的错误，将来在验收时若与实际的需求发生差距时，因"口说无凭"，双方也会发生纷争。因此，以"请购单"详载所需物料的名称、规格、料号、数量、需要日期等内容，可使请购的诉求趋于明确与周全
3	确定需求的内容	即确实表明物料品质上的一些条件，包括物料的成分、尺寸、形状、强度、精密度、耗损率、不良率、色泽、操作方式、维护等各种特性
4	以规格表明示需求的水准	需用部门对品质的要求水准可以用规格表明示。以规格表明示品质的形态极多，包括厂牌或商标、形状或尺度、化学成分或物理特性、生产方式或制作方法、市场等级、标准规格、样品、蓝图或规范、性能或效果、用途等
5	盘算预算	需求的内容及水准，常与请购人的预算有密切关系，因此，在提出请购之前，必须先就支付能力与愿意承受代价的上下限加以盘算，以免请购内容超出预算范围

（2）采购需求发出的原因及流程。任何采购都产生于企业中某个部门的确切需求。生产或使用部门的人应该清楚知道本部门独特的需求，即需要什么、需要多少、何时需要。这样，仓储部会收到这个部门发出的物品需求单，经汇总后，将物品需求信息传递给采购部；有时，这类需求也可以由其他部门的富余物品来加以满足。当然，或迟或早企业必然要进行新的物品采购，因此采购部必须有通畅的渠道从而能及时发现物品需求信息（图10-2）。

图10-2　物品需求信息传递渠道

同时，采购部应协助生产部门一起来预测物品需求。采购管理人员不仅应要求需求部门在填写请购单时尽可能地采用标准化格式，尽量少发特殊订单，而且应督促其尽早预测需求以避免太多的紧急订单，从而减少因特殊订单和紧急订货而增加的采购成本。

另外，由于了解价格趋势和总的市场情况，有时为了避免供应中断或是价格上涨，采购部必然会发出一些期货订单。这意味着对于任何标准化的采购项目，采购部都要把正常供货提前期或其他的主要变化通知使用部门，从而使其对物品需求做出预测。因此要求采购部和供应商能早期介入（通常作为新产品开发团队的一个成员）。因为采购部和供应商早期介入会给企业带来许多有用信息和帮助，从而使企业避免风险或降低成本，加速产品推向市场的速度，并能带来更大的竞争优势。

10.1.2　制定需求说明

需求说明就是在确认需求之后，采购员对需求的细节如品质、包装、售后服务、运输及检验方式等，都要加以准确说明和描述。采购员如果不了解使用部门到底需要什么，就不可能进行采购。出于这个目的，采购部就必须对所申请采购物品的品名、规格、型号等有一个准确的说明（表10-2）。如果你对申请采购的产品不熟悉，或关于请购事项的描述不够准确，应该向请购者或采购团队进行咨询，而不能单方面想当然地处理。采购需求说明书见表10-2。

表10-2　采购需求说明书

序号	名称	规格型号	单位	数量	品质	包装	售后服务	运输及检验方式

10.1.3　审核采购申请单

由于在具体的规格要求交给供应商之前，采购部是能见到它的最后一个部门，因而采购部需要对其最后检查一次。采购申请单应该包括以下内容。

（1）日期。

（2）编号（以便于区分）。

（3）申请的发出部门。

（4）涉及的金额。

（5）对于所需物品本身的完整描述以及所需数量。

（6）物品需要的日期。

（7）任何特殊的发送说明。

（8）授权申请人的签字。

以下提供两份请购单的范本（表10-3和表10-4）供参考。

表10-3　采购申请单（一）

日期：　　　　　　　　　　　　　　　　　　　　　　　编号：

物品名称：＿＿＿＿＿＿＿＿＿＿＿＿＿＿＿　型号规格：＿＿＿＿＿＿＿＿＿＿＿＿＿
采购数量：＿＿＿＿＿＿＿＿＿＿＿＿＿＿＿　预计金额：＿＿＿＿＿＿＿＿＿＿＿＿＿
申请理由：＿＿＿＿＿＿＿＿＿＿＿＿＿＿＿＿＿＿＿＿＿＿＿＿＿＿＿＿＿＿＿＿＿
＿＿＿＿＿＿＿＿＿＿＿＿＿＿＿＿＿＿＿＿＿＿＿＿＿＿＿＿＿＿＿＿＿＿＿＿＿＿＿
申请人：　　　　　　　批准：

表10-4　采购申请单（二）

请购部门		请购日期		交货地点			单据号码	
项次	物料编号	品名	规格	请购数量	库存数量	需求日期	需求数量	单位	技术协议及要求

会签说明		采购部门		请购部门		
		主管	经办	批准	主管	申请人

分单	第一联：采购单位（白）　第二联：财会部（红）　第三联：请购单位（蓝）

新手学 采购 从入门到精通

10.2 采购订单准备

采购员在接到审核确认的请购单之后，不要立即向供应商下达订单，而是先要进行以下订单准备工作，如图10-3所示。

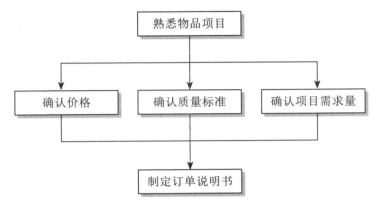

图10-3　订单准备流程示意图

该流程说明如表10-5所示。

表10-5　订单准备流程说明

序号	准备事项	具体要求
1	熟悉物品项目	首先应熟悉订单计划。因为订单上采购的物品种类有时可能很多，有时可能是从来没有采购过的物品项目，对其采购环境不一定熟知。这就需要采购员花时间去了解物品项目的技术资料等
2	确认价格	由于采购环境的变化，作为采购员应对采购最终的价格负责。订单人员有权利向采购环节（供应商群体）价格最低的供应商下达订单合同，以维护采购的最大利益
3	确认质量标准	采购员与供应商的日常接触较多，由于供应商实力的变化，对于前一订单的质量标准是否需要调整，采购员应随时掌握
4	确认项目需求量	订单计划的需求量应等于或小于采购环境订单容量（经验丰富的采购员不查询系统也能知道），如果大于则提醒认证人员扩展采购环境容量；另外，对计划人员的错误操作，采购员应及时提出，以保证订单计划的需求量与采购环境订单容量相匹配
5	制定订单说明书	订单说明书的主要内容包括项目名称、确认的价格、确认的质量标准、确认的需求量、是否需要扩展采购环境容量等；另附有必要的图纸、技术规范、检验标准等

10.3 选择本次采购的供应商

订单准备工作完毕后，采购员的下一步工作就是最终确定本次采购活动的供应商。而确定本次具体采购活动的供应商，采购员应做好表10-6所示的工作。

表10-6 本次采购活动的供应商选择步骤

序号	步骤	说明
1	查询采购环境	采购员在完成订单的准备后，要查询采购环境信息系统，以寻找适应本次物品供应的供应商。认证环节结束后会形成公司物品项目的采购环境，用于订单操作。对于小规模的采购，采购环境可能记录在认证报告文档上；对于大规模的采购，采购环境则使用信息系统来管理。一般来说，一项物品应有3家以上的供应商，特殊情况下也会出现1家供应商，即独家供应商
2	计算供应商容量	如果向一个容量已经饱和的供应商下单，那么订单很难被正常执行，最后会导致订单操作的失败。因此作为经验丰富的采购主管，首先要计算一下采购环境中供应商的容量，哪些是饱和的，哪些有空余容量。如果全部饱和，请立即通知相关认证人员，并对其进行紧急处理
3	与供应商确认订单	从主观上对供应商的了解需要得到供应商的确认，供应商组织结构的调整、设备的变化、厂房的扩建等都影响供应商的订单容量；有时需要进行实地考察，尤其要注意谎报订单容量的供应商
4	确定意向供应商	采购员在权衡利弊（既考虑原定的订单分配比例，又要考虑现实容量情况）后可以初步确定意向供应商，以便确定本次订单由哪一家供应商供应，这是订单操作实质性进展的一步
5	发放订单说明书	既然是意向，就应该向供应商发放相关技术资料。一般来说，采购环境中的供应商应具备已通过认证的物品生产工艺文件。如果是这样，订单说明书就不要包括额外的技术资料。供应商在接到技术资料并对其分析后，即会向采购员做出"接单"还是"不接单"的答复
6	确定物品供应商	通过以上过程，就可以决定本次订单计划所投向的供应商，必要时可上报经理审批。因为供应商可以是一家，也可以是若干家

10.4 签订订单

采购员在选定供应商之后，接下来要做的工作就是同供应商签订正式的采购订单。采购订单根据采购物品的要求、供应的情况、企业本身的管理要求、采购方针等要求的不同而各不相同。签订采购订单一般需要经过以下过程。

10.4.1 制作订单

拥有采购信息管理系统的企业，可直接在信息系统中生成订单；在其他情况下，则需要订单制作者自选编排打印。企业通常都有固定标准的订单格式，而且这种格式是供应商认可的，只需在标准合同中填写相关参数（物品名称代码、单位、数量、单价、总价、交货期等）及一些特殊说明书后，即可完成制作合同操作。

> **温馨提示**
>
> 价格及质量标准是认证人员在认证活动中的输出结果，已经存放在采购环境中，采购员的操作对象是物品的下单数量及交货日期。特殊情况下可以向认证人员建议修改价格和质量标准。

国外采购的双方沟通不易，因此订单成为确认交易必需的工具。当采购单位决定采购对象后，通常会寄发订购单给供应商，作为双方将来交货、验货、付款的依据。国内采购可依情况决定是否给予供应商订单。由于采购部门签发订单后，有时并未要求供应商签署并寄回，形成买方对卖方的单向承诺，实属不利。但订单能使卖方安心交货，甚至有可获得融资的便利。

订单内容应特别侧重交易条件、交货日期、运输方式、单价、付款方式等方面。根据用途不同，订单可分为厂商联（第一联），作为厂商交货时的凭证；回执联（第二联），由厂商签认后寄回；物品联（第三联），作为控制存量及验收的参考；请款联（第四联），可取代验收单；承办联（第五联），制发订单的单位自存。

以下提供两份订单（表10-7和表10-8）供参考。

表 10-7　采购订单——采购管理

采购申请部门			申请日期				单据号码			
供应商名称			交货地点				请购单号			
项次	物料编号	品名	规格	数量	单位	单价	总价	交货日期	技术协议及要求	
采购部	经办		总经理批准			合计	税前金额			
	主管						税额			
	经理						税后金额			
注意事项	（1）供应商须严守交货日期，若逾期交货时，每延迟一天，买方可扣该批货款的5‰，或将订单全部取消 （2）本公司如有指定质量标准时则依之，若本公司未指定质量标准时则依双方共同认定标准或有资格机构所认定的标准 （3）供应商如因交货延误、规格不符、质量不符、数量不足等而造成本公司的损失，供应商应负完全责任 （4）本次订单内容或附件如有更换，由采购员通知供应商后，原件自行作废，不再回收									
	附件：□样品　□样品　□样品　□样品 .									
分单	第一联：供应商（白）　第二联：原物料仓库（红）　第三联：财会部（黄）									

表 10-8　采购单

采购单号：　　　　　　　　　　　　　　　　订货日期：　　　　年　　　月　　　日

序号	品名	规格／型号	技术要求	单位	数量	单价	金额	交货期
1								
2								
3								
4								
合计								
订货条款	质量标准							
	交付方式							
	付款方式							
需方	单位名称： 地址： 电话： 传真： 联系人： 采购审批：			供方	单位名称： 地址： 电话： 传真： 联系人： 确认回签：			

10.4.2　审批订单

审批订单是订单操作的重要环节，一般由专职人员负责。其主要审批内容如图 10-4 所示。

内容一　合同与采购环境的物品描述是否相符

内容二　合同与订单计划是否相符

内容三　确保采购员仿照订单计划在采购环境中操作

内容四　所选供应商均为采购环境之内的合格供应者

内容五　价格在允许范围之内，到货期符合订单计划的到货要求等

图 10-4　订单审批的主要内容

10.4.3 与供应商签订订单

经过审批的订单，采购员负责将之传至供应商确定并盖章签字。签订订单的方式有图10-5所示的4种。

方式一	与供应商面对面签订订单，买卖双方现场盖章签字
方式二	采购员使用传真机将打印好的订单传至供应商，并且供应商以同样方式传回
方式三	使用 E-mail 进行合同的签订，买方向供应商发订单 E-mail，则表示接受订单并完成签字
方式四	建立专用的订单信息管理系统，完成订单信息在买卖双方之间的传递

图10-5　签订订单的4种方式

10.5　执行订单

在完成订单签订之后，即转入订单的执行时期。加工型供应商要进行备料、加工、组装、调试等过程；存货型供应商只需从库房中调集相关产品及适当处理，即可送往采购方。

10.6　小额请购的处理

小额请购是采购员在请购阶段常会面临的问题之一。

依照80/20法则（帕累托原理），就采购而言，80%的请购单只占采购总金额的20%。换句话说，小额请购占用了绝大多数采购作业的人力，而解决之道在于降低小额请购的批次。通常，采购员可采取表10-9所列方法，解决小量请购问题。

表10-9　小额请购的处理方法

序号	方法	具体操作要领
1	集中采购	集中采购包括指定办理的部门及时间。例如将各部门所需的小量请购，交由指定的部门集中办理，统筹供需，或是指定这些小量物料的请购日期，在同一时间内汇集其需求量，以便一次性采购；而且集中采购不但可节省人力，也可获取数量折扣
2	减少品种	要设法将小量采购的项目标准化，借以减少请购次数。比如将规格相近的物品加以汇总，订出通用的标准规格。如果此品种减少了，请购的件数也就会随之降低

序号	方法	具体操作要领
3	化零为整	在接到小量请购时，如果不是紧急需用者，就将其暂时搁置，待累计小量请购单达至一定数量或金额时，再行采购
4	采取统购	"统购"是指将价值不高、价格稳定且经常需用而品种规格繁多的物品，应先与供应商签订统购合约，议定价格。当需用时，由请购部门直接通知供应商送货，免除请购及采购的手续，因为只要仓储部门开出验收单即可付款

10.7 紧急订单的处理

通常，采购部会收到太多的标注着"紧急"字样的订单。

10.7.1 紧急订单出现的原因

紧急订单的出现不可避免，也有其存在的理由。款式和设计上的突然改变以及市场状况的突然变化都会使精心规划的物料需求不再适用，如图10-6所示。如果实际所需的部件或物料没有库存，那么生产的中断就不可避免。

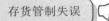 存货管制失误
由于实际库存数量与账上数量不符，领料时才发现缺料；另外，有时库存数量虽充足，但品质有瑕疵，因而无法使用，都必须紧急请购以补充

 生产计划不当
预测的准确与否会影响生产计划能否顺利执行。若销售预测发生偏差，生产计划就必须加以修改。当追加销售数量或插入紧急订单时，该项产品的原物料若没有足够库存，必须发生紧急请购；另外，在制订生产计划时，只依据外售数量安排原物料需求量，忽略了自用数量，也会发生紧急请购

 错失采购时机
由于采购员对原材料的供应来源及时机未能正确地掌握，也会发生紧急请购
（1）就来源而言，未能掌握供应商状况，当其未依约交货时，必须紧急转向其他来源采购
（2）就时机而言，当发现来源渐趋短绌，就应紧急提高请购数量，以备将来不时之需
（3）有时因为采购员与供应商议价时日耗费太久，导致购运时间不足，也会发生紧急采购

 请购的延误
由于物料控制系统或人员的失误，未及时开出请购单，致使库存已消耗殆尽才发觉，因此必须紧急请购；有时则因为请购的规格无法确认或预算不足，一再磋商或拖延，也会发生紧急请购

图 10-6　紧急订单出现的4大原因

紧急订单引发的代价通常较大，而且也会给供应商带来负担，而这必然会直接或间接地体现在采购方最后的支持价格之中。

10.7.2　紧急订单的解决办法

紧急请购将会造成品质降低、价格偏高等损失，因此采购方应做好存货管制、生产计划，并正确掌握请购及采购时机，以避免负担产销上的额外成本。

但对于那些并不是出于紧急需要的所谓"紧急"订单而言，采购部可以通过正确的采购流程加以解决。例如在一家企业，如果某一个部门发出了紧急订单，这个部门必须向总经理做出解释并需得到批准。而且，即使这一申请得到批准，紧急采购所增加的成本在确定之后也要由发出订单的部门来承担，其结果自然是紧急订单的大量减少。

10.8　采购订单的传递和归档

10.8.1　采购订单的传递途径

个别企业在采购订单一式几份方面以及如何处理这些不同副本方面各不相同。典型情况下，采购订单的可能传递途径如图10-7所示。

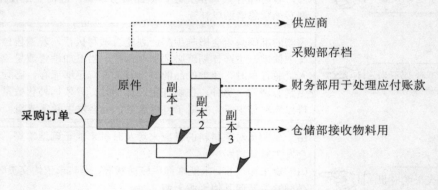

图10-7　采购订单的可能传递途径

具体方式可能如下。

（1）原件发往供应商，有时随单附一份副本以便供应商返回作为其接受合同的证明；一份副本归入按顺序编号的采购订单卷宗中，由采购部保管。

（2）有些公司里，采购部不保存采购订单的副本，他们把采购订单拍照后，用缩微胶片的形式进行保存；另一副本则由供应商保管。

（3）会计部也会收到一份订单副本以便于处理应付账款。

（4）一份副本发往仓储部，便于其为接收物料做准备。

如果公司组织结构把收货和仓储两个职能分开处理，收货部门也会收到一份副本。

这些副本将按照供应商名称的字母顺序进行归档，并用于记录货物到达后真正收到的数量。如果收到的物料还要经过检验（通常原材料和生产部件就是这样）的话，也要送一份副本到检验部门。

温馨提示

尽管采购订单的所有副本内容上都是相同的，并且是一次同时填写完毕的。但是，这并不意味着它们在形式上也必须一模一样。例如，供应商的接受函上可能包含其他副本不必列出的表明其接受意见的条款。填写收货方面的各项数据仅仅是收货部门对订单副本的要求。采购部的订单副本则可能要求列出发货承诺、发票以及运输等方面的条款。由于价格的保密性，一般而言，它不会出现在收货部门的副本上。

10.8.2 采购订单的保存

不管采购订单以何种方式加以保存，采购员都必须做到在需要这些文件的时候可以轻而易举地找到它们。具体做法为，所有与一项特殊采购的订单有关的文书应该附在一张订单副本上。如果可能的话，还要将其在某处归档并建立交叉索引，以便需要时可以很快找到。

对于一式两份的采购订单的归档，采购员可按图10-8所列的2个方法来处理。

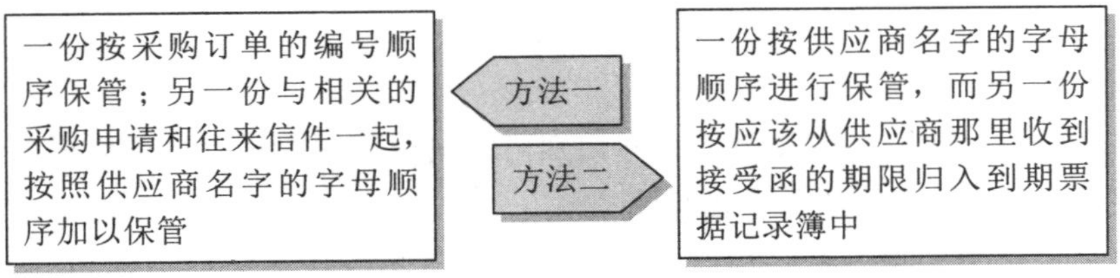

一份按采购订单的编号顺序保管；另一份与相关的采购申请和往来信件一起，按照供应商名字的字母顺序加以保管
方法一
方法二
一份按供应商名字的字母顺序进行保管，而另一份按应该从供应商那里收到接受函的期限归入到期票据记录簿中

图10-8 采购订单的保存方法

第 11 章

采购订单的跟催

采购订单的跟催是采购员的重要职责，目的有3个方面，即促进订单正常执行、满足企业的物料需求、保持合理的库存水平。在实际订单操作过程中，订单、需求、库存三者之间会产生相互矛盾，突出地表现为，由于各种原因订单难以执行、需求不能满足导致缺料、库存难以控制。恰当地处理供应、需求、缓冲余量之间的关系是衡量采购员能力的关键指标。

11.1 对采购催货进行规划

11.1.1 须跟催的活动

如果按时交付很重要，采购员就有必要催交订单，即跟踪供应商。采购员可以要求供应商提供一份说明何时完成主要活动的生产计划，以确定哪些活动要催交。

11.1.2 催货的形式

催货可以通过电话、微信、QQ或者上门访问供应商等形式完成。

11.1.3 催货的方法

催货是检查供应商的交付计划并识别可能出现问题的过程。可以根据组织结构或采购部的结构来选择合适的催货方法。

（1）分订单跟催。分订单跟催是指以每张订单为依据，识别其产品的型号、批号及其物料需求数量，确定各种物料的提前期并按交货期预定它们的进料日，然后，提前一定时间进行跟催。具体可列表，如表11-1所示。

（2）联单法。联单法就是将物料按性质分类，然后，把性质相近的订购单联合起来按日期顺序排列，形成一连串具有衔接性的供应排程，采购员再提前一定时间进行跟催。这种方法效率高，但是比较烦琐，而且最好要用计算机操作，一般适合于有一定跟单经验的人员使用。

表 11-1　采购订单跟催表

序号	采购单号	品名	型号／规格	订货量	提前期	进料日	交货状况

（3）统计法。把联单法所对应的物料数量输入库存控制数据库中，采购员依据系统统计出来的物料需求计划制定报表，提前一定时间进行跟催。这种方法准确性好、效率高，但是，需要某种管理系统软件来支持。

（4）定期跟催。对于那些具有广泛使用性的物料，采购员在规定好必要的库存量后于每月（或每周）固定时间将要跟催的订单整理好，再制成物料需求报表统一跟催。这种方法简单明了，但是，需要一定数量的库存做垫底。

（5）现场跟催。这里的现场指的是物料的制造现场，如供应商的生产车间等。对于那些十分紧急、品质有争议或制造过程容易发生异常的产品，采购员为了能把这些风险降到最低，需要亲自到现场进行跟催。

11.1.4　选择需要催货的订单

因为并非所有的订单都需要催货，因此为了便于催货，采购员可以将订单进行分类，如表11-2所示。

表 11-2　订单跟催分类

类别	跟催要求
A 类订单	非常重要的，值得进行供应商访问的订单，以保证订单履行
B 类订单	需要通过电话或电子邮件提醒供应商的订单
C 类订单	只有当供应商不能按合同要求及时发运时才进行催促的订单
D 类订单	只有当有特殊要求时才进行跟踪的订单

11.2 规定合适的前置期

当有需求、希望进行采购时，采购员必须清楚地知道所需要的时间。因此采购员需要明确前置期的概念及总的时间需要多长。

11.2.1 何谓"前置期"

"前置期"（Lead Time）这一术语经常用于代替交付时间或者与交付时间并用。前置期通常会涉及3个方面的概念。

（1）内部前置期。内部前置期是指从确定产品或服务需求到发出完整的采购订单（Purchase Order）所占用的时间。这包括准备规格、识别合适的供应商、询价/报价过程、最终选择供应商及签订合同。若以公式表示则为

内部前置期＝准备规格的时间＋识别合适供应商的时间＋询价/报价的时间＋
最终选择供应商的时间＋签订合同的时间

（2）外部前置期。外部前置期是指从供应商收到采购订单到完成采购订单（通常是指交付产品或服务）所占用的时间。它通常也被称为供应商交付时间。

（3）总前置期。总前置期是指从确定产品或服务需求到供应商完成采购订单所占用的时间。因此，它是上述内部前置期和外部前置期的总和，再加上从采购方发出采购订单到供应商收到采购订单之间的时间。若以公式表示则为

总前置期＝内部前置期＋外部前置期＋采购方发出采购订单到供应商收到采购
订单之间的时间

11.2.2 设定合适的前置期

内部前置期常常是总前置期的一个重要组成部分，但是经常被忽视。当然，内部前置期的不确定性也很大。而缩短前置期既要重视外部（供应商）前置期又要重视内部前置期。

在设置前置期时，要考虑采购方和供应商双方的很多因素，如图11-1所示。

11.2.3 确认所报前置期的可信度

采购方将前置期规定为尽可能快，而供应商提出前置期例如是"10～14周"，这在工作中都很常见；但是应该避免这些做法，因为买卖双方的期望不同。采购员应该确切地知道供应商同意了规定的交付日期，并在采购订单文件中清楚写明。

采购方的因素	供应商的因素
（1）如果采购方没有向供应商提供充足的或者正确的信息，供应商的前置期可能会延长。例如，供应商可能要停下来等待采购方的一部分技术资料或更准确详细的需求信息 （2）采购方在供应商设施所在地实施检验可能会增加总前置期 （3）漫长的进货程序可能会增加总前置期 （4）在持续需求的情况下，采购方可能会协助供应商准备一份有关在什么日期需要多少物品的预测。这就允许供应商提前计划他们的活动，减少外部前置期	供应商处理订单的过程若烦琐而复杂则会增加前置期 （1）供应商处理订单的系统，例如ERP系统会极大地提高订单处理速度，会减少前置期 （2）货物的运输方式会影响到总前置期。不同的运输方式，运输时间差别很大，在计算总前置期时必须考虑 （3）供应商的生产方式也会影响到总前置期。MTO（Make to Order）表示订单生产，供应商接到客户订单以后才开始生产；MTS（Make to Stock）表示库存生产，供应商已经生产出产品，接到客户订单时把库存的产品交付给客户。很明显，MTO的生产方式前置期要更长

图 11-1 设置前置期要考虑的因素

　　供应商可能会不择手段地提出他们可能实现不了的交付日期，以便赢得生意。采购员要负责确定供应商提出的日期是否现实。例如，采购员可能要确定以下问题。

（1）该供应商是否有足够的能力。

（2）该供应商是否有可信的绩效统计。

（3）供应商对其前置期较长的部件库存。

（4）供应商是否有适当的供应战略。

（5）供应商是否完全采用MTO的生产方式。

11.3　下订单阶段就要跟催

　　下订单阶段是指采购方一发出采购订单就要实行由此而来的业务处理。为了使之能按照交货期交货，采购方要对供应商行使必要的支援。

11.3.1　主要业务事务

　　发出了订单，假如采购方不把图纸或规范交给供应商，供应商则无法制订生产计划；另外，所交给供应商的资料，对方有了质疑时采购员应迅速查明回答。假如采购方只提示制品或零件的机能或设计构想，图纸或规范约定由供应商制定时，采购方应使供应商能在双方约好的时日提出，一提出则迅速交给技术部门核认。

另外，采购方有必要安排支给品（又称为支给材，源自日语。现为ISO用语，指由客户免费提供的或者是借与的物品的总称，双方确定按此物品制定生产标准。一般都是某种产品的零部件，通常都是关键性零件）在预定的日期提供。至于有需模具、工具者，要决定由采购方制造或由供应商制造，接洽日程以决定其性能或程度能否符合最适经济成本。不易进货的材料，采购员要妥善与供应商协调，身边有货则予以提供。供应商的负荷也需调查，看看是否交货期过分集中，能否如期交货。

11.3.2 跟催行动要点

跟催行动要点如表11-3所示。

表11-3 跟催行动要点

序号	对象	行动
1	图纸、规范	（1）确认有无发出 ① 已发出时应决定如何分发，进而予以追踪决定 ② 未发出时应确认如何发出，决定如何分发，并调整货期 （2）有疑问时或供应商有所质疑时，应详加调查 （3）确认是否有相关的图纸、规范 （4）有必要由供应商提出图纸、规范，予以承认时 ① 对图纸、规范的提出加以追踪 ② 所提出的图纸、规范不完备时，要求其修订并予以追踪 ③ 新设计时与技术部门的协调情形，应予以追踪
2	支给品	（1）掌握提供支给品的预定日 （2）调整预定日与货期 （3）调整预定日与供应商的生产能力 （4）调整生产批数与支给批数
3	模具、工具	（1）自制或交由其他公司制造，与请购部门协商 （2）掌握进货预定日 （3）调整进货预定日与货期 （4）调整进货预定日与供应商的生产能力 （5）模具、工具的性能、程度等的决定要符合最适经济成本

序号	对象	行动
4	取得困难的材料	所指定的材料不易入手的主要原因如下 ① 是特殊材料，不知应由何处取得 ② 调度期间长，容易耽误货期 ③ 规范不明确，无从找起（不知制造厂在何处） ④ 不是标准规格 ⑤ 货品少或缺货 ⑥ 交易单位（量的单位）太少或太多 ⑦ 缺少资金 ⑧ 所要求者超出市场的一般规格或品质 ⑨ 能够购得，但没有检查设备，无法保证品质 对策如下 （1）要与供应商周旋 （2）手边有材料时要支给 （3）指定替代、借用材料
5	掌握供应商的能力	（1）负责状况的调查（人力的） （2）负荷的总重虽然与能力一致，仍要确认每一批的货期是否有勉强之处 （3）设备、机械能量的调查（物料的）

11.4　要确认供应商能否顺利生产

通常供应商接到采购方下的订购单后，会制订生产计划，这时，采购员也要跟紧，以确认其能否顺利生产。图纸和规范是否齐全、有无完备、是否需要修订、版数（跟着修订而会改变版数）是否符合等信息要加以确认。进行阶段的跟催要点如表11-4所示。

表 11-4　进行阶段的跟催要点

序号	对象	行动
1	图纸、规范	（1）确认有无不齐、不备的图纸、规范 （2）有了修订时，迅速通知并予以确认 （3）核对试制图纸与正式发行图纸 （4）反复制作品要确认其版数 （5）不清楚的地方要随时予以回答 （6）如果对方提出无法按照指定要求制造时，应详加调查并予以回答

序号	对象	行动
2	支给品	（1）确认在预定日期提供 （2）延迟时要调整交货期 （3）确认有无不良、不足、疏漏、现品相异等情况 （4）按照指定的数量提供但还是发生不足的场合，采取以下措施 ① 发生原因出在供应商的场合（不良品的发生、损失、损伤），办理再支给手续并予以追查 ② 发生原因出在诸如订购商的场合（指定数目的错误、添加率过低），应与有关部门接洽，办理追加支给的手续并予以追查 （5）发生了需要中断或取消订货的情况时，收回支给品及不足的部分，办理清偿手续并予以追查
3	模具、工具	（1）确认能否按照预定计划送到 （2）延迟的场合，与有关部门接洽，决定对策并调整交货期 （3）制造完成时，有必要检查的场合，办理检查手续并予以追查 （4）对不合格的模具、工具的决定对策 ① 当获知供应商无法制造时，与有关部门接洽以决定对策 ② 获知图纸、规范不完备时，迅速决定如何处置并予以指示
4	材料	（1）确认有无按照预定入库 （2）对未入库部分予以追查 （3）对不易入库的材料，决定对策 ① 从中协助供应商 ② 手边有材料时就予以支给 ③ 指定替代或代用材料 （4）调整预定日与交货期

11.5 要追查供应商是否顺利进行生产

接下来供应商会按照所排的生产计划来进行生产，走到这一步，采购员不要以为万事俱顺、不需要跟踪了，这时更有必要追查其是否顺利进行生产。

因为在这一阶段可能会产生的最大的问题是，模具、工具或设备、机器的故障及缺勤发生而使保有工数逐渐减少。采购方假如有余力，可协助供应商进行生产，或将制程上成为瓶颈的部分拿回来自己做。

另外，如果供应商发生一些意外事故，如发生火灾、风灾、水灾或倒闭，则不得不进行调整，由其他供应商来制造。

除此之外，还有由于采购方的原因而要延迟交货期或中止订货、取消订货的情况，采购员一了解到有此情况，则必须与供应商积极沟通，以避免造成违约，

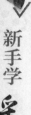

新手学

采购

从入门到精通

而必须支付本不应支付的货款，或引起一些纠纷。生产阶段的跟催要点如表11-5所示。

表11-5 生产阶段的跟催要点

序号	对象	行动
1	模具、工具或设备、机器的故障	与有关部门接洽并决定对策，进而调整交货期
2	保有工数的递减	（1）由于伤病而发生缺勤，或由于和其他货品发生竞争，或与其他公司所订货的货品发生竞争时 ① 要求时间外（加班）的开工速制 ② 与其他货品调配 ③ 改换其他的供应商 ④ 改为自制 （2）然后调整交货期
3	火灾、风灾、水灾	（1）视被受害的程度而决定 ① 改由其他公司制造 ② 自我制造 （2）然后调整交货期
4	倒闭	（1）改由其他公司制造 （2）自我制造 （3）然后收买模具、工具，进一步追查以下事情 ① 连锁倒闭的防止 ② 债权、债务的处理
5	罢工	（1）调整交货期后尚难望解决时 ① 改由其他公司制造 ② 自我制造 （2）除此之外，还有折中损害赔偿的事
6	由于订货者的原因而延迟交货期	充分考虑在不抵触有关的法令规章下，调整交货期，并决定在制品的品质上保全对策
7	取消中断	（1）对支给品的收回与收回不足部分，办理清理手续并予以追查 （2）处理在制品 （3）起自订货者的原因时，对契约变更的损害赔偿要予以折中 （4）起自采购者的原因时，对损害的赔偿要予以折中

11.6　供应商交货后也要跟催

供应商将所订的货品已经交货之后采购员的工作并没有就此结束；相反，采购员的工作要到交货后的货品经检查合格并运到现场才算结束，所以在这一阶段还不能撒手不管。

在这一阶段，或许会有数量的过多或不足，当然也难免会有不合格品的纳入，对这些都要给予适当的处理。供应商辛辛苦苦交来的货品，有无被请购部门放置未用，采购部也要加以注意。交货阶段的跟催要点如表11-6所示。

表11-6　交货阶段的跟催要点

序号	对象	行动
1	数量的过剩、不足与损失	（1）未收数量的追查 ① 催促交货，确认交货期 ② 交货期已过，已经不需要该货品时，办理取消手续 （2）过剩数量的处置 ① 有其他订单，也有未收数量时，办理调换手续 ② 退还 （3）不足与损失的处置 ① 调查原因，追踪现品 ② 重新安排货品的取得 （4）过剩数量的处置 ① 调查原因，追踪现品 ② 重新安排货品的取得
2	搬运	确认已收货品是否迅速通过检查，并搬运给所需部门
3	检查	确认已收货品是否进行顺利，能够在预定的检查期间内完成检查。要督促紧急货品的检查
4	不合格品的处置与对策	（1）确认不良的内容 （2）调查原因 （3）接洽合格品质的水准 （4）要求适合于使用目的的视为良品（过剩品质的防止） （5）调整交货期 （6）决定重新安排或采取对策 （7）特别采用的折中（只要稍加工就能使用的场合，如涂装之前，使用砂纸一抹就除去伤痕） （8）改由其他公司制造 （9）自我制造
5	合格品的搬运督促	由检查到现场搬运的追查
6	交货数与支给	未支给品与过剩支给品的追查

11.7 跟催中的注意细节

供应商，免不了会有拖拉的时候。所以，作为采购员一定要了解自己身为采购，思考什么事都要站在公司的利益和立场上，做好采购该做的事情，要把自己定位为一个合格的采购员。跟催其实并不难，只要做到以下几点，你就可以游刃有余。

（1）了解供应商。要了解供应商在本地区的行业定位、地位、影响力，最主要的要了解供应商的设备、品质、服务等。

（2）了解订单的紧急程度。对自己采购产品的使用时间要有充分的了解，不要道听途说，把不急的单赶回来，急的单则没开始生产，再让供应商赶，单单都急，会让供应商疲于应付，使其不愿意再供货。

（3）了解供应商的各种联系方式。除了8小时以内的联系，也要保持8小时之外的沟通，比方说，可以保持一定的友情友好程度。

（4）要随时知道自己催货的订单内容及订货的速度。

（5）对自己所负责的产品也要有所了解与熟悉，应充分了解所采购产品的性能和用途。

（6）与供应商讲话时讲究技巧，催货时也可以发书面联络函，也可以用微信沟通，以使沟通有证据保留，当与供应商产生异议的时候，可以将沟通的证据发给对方看。

（7）催不回货也不要发脾气，要冷静。催不回货时，首先要告诉你的上级而不是生产部门经理。产品延期了，肯定会影响后面的出货时间，告诉上级也要与业务部确认出货时间能否推迟，不管结果行不行，都要有反思，并总结经验，杜绝下次发生。

（8）多与生产部门和业务部门沟通，与各个部门都保持良好的合作关系，多到生产现场去看看。

第 ⑫ 章

采购收货作业控制

采购收货作业，是指对所购物品经过质量、数量的检查或试验后，认为合格而收受的过程。作为采购员在对所采购的物品进行验收时，应注意以下事项。

12.1 做好验收准备

采购员在物品采购验收中，要做好采购物品验收前的准备工作。通常，采购前的验收准备工作包括表12-1所列几个方面的内容。

表12-1 验收准备工作

序号	内容	具体要求
1	交货验收时间	采购合同应写明时限要求，包括生产过程所需的预备操作时间；供应物品的交货日期；特殊器材技术验收时所需时间，或者采用分期交货的时间；及如果发生延期交货的处理
2	交货验收地点	交货验收的地点，通常依合同指定地点为主。若预定交货地点因故不能使用，需移转其他处办理验收工作时，也应事先通知供应商
3	数量验收	依合同所订数量加以点收
4	交货手续	交货时由供应商列具清单一式若干份，在交货当天或交货前若干天送交采购员。在清单上要注明交付物品的名称、数量、商标编号、毛重量、净重量，以及运输工具的牌照号码、班次、日期和其他需要注明的信息，以备采购企业人员做准备验收工作之用；同时，采购合同的统一号码、分区号码、合同签订日期及通知交货日期等，也应注明于该清单上，以供参考

12.2 采购物品验收

物品验收的工作过程如下。

12.2.1 验收送料文件

对于所采购的物品，采购员必须对供应商或货运公司的下列文件（表12-2）进行验证。

表 12-2　必须验证的文件

送货方式	必须验证的文件
供应商直接送货	供应商装箱清单 2 份，另附上本企业采购订单复印件 2 份
货运公司送货	货运公司装箱托运清单 2 份

货运员应持供应商装箱清单 2 份及订单复印件 1 份（装在封口信封内）交付负责收货的采购员。

如货运公司未持供应商装箱清单，该清单必须附在所送物品包装箱内，货运公司人员由负责收货的采购员陪同开箱取出，然后由采购员签收。

12.2.2　订单复印件查验

采购员在供应商装箱清单上查验供应商代号和订单编号，有两种方式可用来查验订单复印件。

（1）经由前日打印的"物品订单明细表"。

（2）经由计算机输入供应商装箱清单上所载的订单编号。

采购员同时还要查计算机"已发单"档案内同一供应商是否有"退货单"存在，可顺便办理退货取回。

12.2.3　填写"收货清单"

通常收货清单上记载的资料有供应商（名称或供应商代号）、物品（品名型号及目的地）、运送者（司机姓名/货运公司及车牌号码）、验收号码（已指定的物品验收号码）。其具体格式如表 12-3 所示。

表 12-3　采购收货清单

收货日	工程编号		本单编号		请购部门	订单编号
年　月　日						
会计科目	品名规格	项次	材料编号	单位	数量	单价	金额

会计科目	品名规格	项次	材料编号	单位	数量	单价	金额

备注		点收	检验	经办部门	
				主管	经办

12.3　粘贴验收标签

将打好编号的四联"物品验收标签"贴在供应商的装箱清单上。

（1）一份标签贴于供应商装箱单第一联上或货运公司装箱单上（如经由货运公司的话）。

（2）另一份标签由仓库留底，贴在装箱单的第二联上。

（3）一份贴在订单复印件上。

（4）一份贴在收货清单上。

在装箱单和线联上需盖上戳记，内容为"货已收，品质、货品待验。"

新手学

采购

从入门到精通

12.4　发还文件

采购员在将装箱单第一联交还供应商/货运公司时，同时告知送货者到卸货区等候通知，准备卸货。

12.5　验收结果处理

12.5.1　通过验收结果

参加验收的人员须在验收单上签字，使用部门据此安排生产；采购部据此结案；财务部据此登账付款或扣款、罚款。

已验收入库的物品必须打上标志，以便查明验收经过及时间，并易于与未验收的同类物品有所区别。

12.5.2　短损的处理

采购方如果验收时发现物品短损，应立即向供应商要求赔偿、向运输单位索赔、办理内部报损手续等。

12.5.3　不合格品的处理

凡不符合规定的物品，仓储人员应一律拒绝接收。合同规定准许换货重交的，要等交妥合格品后再予发还。

通常供应商对不合格的物品都延后处置，仓储人员应配合采购部催促供应商前来收回。如果逾越时限，则不负保管责任，或做废弃处理。

12.5.4　发放验收证明书

在物品验收之后，仓储人员应给供应商验收证明书。如因交货不符而拒收，必须详细写明原因，以便洽谈办理其他手续。而验收结果应在约定期间内通知供应商。

12.5.5　做好信用记录

采购员应做好供应商交货的品质等资料的记录并妥善保管，以便为供应商开发、辅导及考核提供依据。

第 13 章

退货与索赔作业

当有关采购货品发生规格与品质不符、交货迟延、破损短少、短卸及短装等情形时，采购员须与供应商及时沟通、协调退货、换货、补货事宜，有时候则需要向保险公司进行索赔。

13.1 国内采购的退货与索赔

国内采购的退货与索赔事务处理要点如下。

（1）退回的采购货品应由仓库清点整理后，通知采购部。采购部根据实际情形通知供应商分别前往工厂领取。

（2）现货供应的退货，要求供应商更换货品至合格验收时为止。

（3）订制品的退货，原则上要求供应商重做或修改至合格验收时为止。如当地供应商制作技术上无法符合使用要求时，则取消订制，另找代替品或改由国外进口，如只能部分符合使用要求而使用单位同意接受者，则依实际情形，酌情扣罚货款。

（4）退货的货品在订购时如果订有合同约定，则应根据合同条款来办理扣款或索赔事宜。

13.2 国外采购的退货与索赔

国外采购货品在退货与索赔之前，都应事先公证，在取得公证报告后办理。

13.2.1 规格及品质不符的退货

（1）经公证后，要求供应商补运货品更换或将货品退回国外供应商修理。

（2）退货的出口手续委托报关行办理。

（3）更换品的进口应申请不结汇输入许可证。

（4）退货可暂存仓库，如国外供应商不想取回退货而愿补运货品更换时，则不必办理出口手续。

13.2.2 索赔

索赔又分破损短少和短卸、短装三种情况。短卸货品为国外供应商已将该批货品交船运公司装船承运，但当货轮抵达输入口岸时，并未将该批货品卸入码头。短装货品为机器零件在装船口岸并未经国外供应商交船运公司装船，而到货装箱完好，经海关验货证明为短装。

这三种情况的索赔事务办理要点如表13-1所示。

表 13-1　三种情况的索赔事物办理要点

项目	破损短少	短卸	短装
索赔对象	保险公司	船运公司及保险公司	向国外原供应商索赔补运
索赔所需证件	（1）保险单正本（如向船方索赔则不附） （2）国外发票副本 1 份 （3）提货单副本 1 份 （4）公证报告正本（如向船方索赔附副本） （5）索赔函 1 封 （6）索赔计算单 3 份 （7）破损证明 1 份（如货品在船上受损时，船公司应出具破损证明单） （8）航运公司的复函	（1）保险单正本（如向船方索赔则不附） （2）国外发票副本 1 份 （3）提货单副本 1 份 （4）公证报告正本（如向船方索赔附副本） （5）索赔函 1 封 （6）索赔计算单 3 份 （7）短卸证明 1 份 （8）船运公司的复函	海关核发的进口证明书
索赔金额的计算	（1）（保险金额 / 保险数量）× 损失数量＝索赔金额（向保险公司索赔） （2）（国外发票金额 / 国外发票数额）× 损失数量＝索赔金额（向船方索赔） （3）公证费（通常由保险公司负担）		

第 14 章

采购付款

14.1 采购常规付款

采购常规付款是指按照一般程序，在供应商送货之后的付款。采购常规付款流程如图14-1所示。

图14-1 采购常规付款流程

采购常规付款流程说明如表14-1所示。

表14-1 采购常规付款流程说明

序号	步骤	详细说明
1	收货	供应商将货物送到后，由仓储部组织验收，由品质部进行质量检验，检验通过后才能入库
2	核对发票	由采购部将供应商提供的发票与验收入库单进行核对，核对无误后才能允许入库
3	付款申请	采购部根据核对无误的发票、验收入库单等文件填写"付款申请单"（表14-2），申请付款
4	财务部审核	由财务部对"付款申请单"进行审核，主要审核申请金额、支付日期等内容是否正确，审核未通过则需发回重新审核，审核通过后则交总经理审批
5	总经理审批	由总经理对经过财务部审核过的"付款申请单"进行审批，审批时主要考虑该申请是否符合公司总体利益以及财务部审核是否妥当

序号	步骤	详细说明
6	财务部付款	总经理审批通过后将"付款申请单"交至财务部安排付款。财务部向供应商付款时必须再次仔细核对、确认，保证无误
7	报销发票	财务部按发票报销手续报销发票，完成付款工作
8	付款汇总	财务部要对每次付款做好记录，记录在"采购付款汇总表"（表14-3）

表14-2　付款申请单

申请表编号：　　　　　　　　申请时间：
公司名称：　　　　　　　　　　地址：　　　　　　　　　电话：
收款单位名称：　　　　　　　　地址：　　　　　　　　　电话：

序号	物资编码	名称	型号描述	合同编号	合同数量	单位	单价	入库数量	金额	备注
合计										
总金额（大写）	佰　　拾　　万　　仟　　佰　　拾　　元　　角　　分									
特别说明	后附单据									
	其他说明									

付款申请人		采购经理审核	
总经理审批		财务部审批	

表14-3 采购付款汇总表

项目名称： 时间： 单位：元

序号	供货单位	物资名称	规格型号	单位	数量	单价	结算金额	退货数量	退货金额	质量罚款	已付款	欠款	备注
款额总计													

部门经理： 会计：

14.2 采购预付款

预付款是指在采购工作开展之前，采购方提前向供应商预付货款。一般来说，当供应商的物资非常紧俏时，多家公司都需要，为了使供应商按时按量向己方发货，采购方一般会向供应商预付款。

采购预付款流程如图14-2所示。

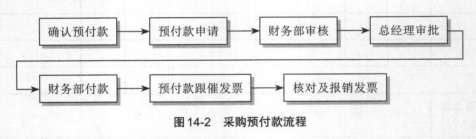

图14-2 采购预付款流程

采购预付款流程说明如表14-4所示。

表14-4 采购预付款流程说明

序号	步骤	详细说明
1	确认预付款	采购部与选定的供应商就采购方式、付款方式、采购项目、货品价格等进行协商、谈判，双方达成一致意见后，确定采购的付款方式为预付款采购

序号	步骤	详细说明
2	预付款申请	采购部相关人员根据采购订单预算情况，计算预付款数额，编制"预付款申请单"（表14-5），提出预付款申请
3	财务部审核	由财务对"预付款申请单"进行审核，主要审核申请金额、支付日期等内容是否正确，审核未通过则需发回重新审核，审核通过后则交由总经理审批
4	总经理审批	由总经理对经过财务部审核过的"预付款申请单"进行审批，审批时主要考虑该申请是否符合公司总体利益以及财务部审核是否妥当
5	财务部付款	总经理审批通过后将"预付款申请单"交至财务部安排付款。财务部向供应商付款时必须再次仔细进行核对、确认，保证无误
6	预付款跟催发票	采购部跟催供应商发货，发货经检验合格入库，及时跟催并要求供应商开具发票
7	核对及报销发票	采购部将收到的发票与验收入库单核对无误后同申购单、验收入库单去财务部办理报销发票手续，完成预付款工作

表14-5 预付款申请单

申请部门		申请人	
付款类别	□定金（尚未开发票） □分批交货暂支款		
付款金额			
说明			

采购经理审核： 财务部： 总经理：

14.3 采购发票的审核

对于供应商提交的各种发票，采购部应预先审核，将那些在价格、条款或其他要点上与订单有出入的发票送交财务部进行复核。

增值税专用发票的审核流程如图14-3所示。

图14-3 增值税专用发票的审核流程

增值税专用发票的审核流程说明如表14-6所示。

表14-6　增值税专用发票的审核流程说明

序号	步骤	详细说明
1	采购审核	（1）开票日期至请款日不得超过 80 天 （2）审核数量、单价、金额
2	财务审核	（1）审核"购货单位名称"必须为本公司名称全称，"地址、电话""税务登记号""开户行及账号"等项目填写必须正确 （2）应同时取得发票联（第二联）及抵扣联（第三联），并是否为运用防伪税控系统开具的专用发票，各联均加盖销货单位发票专用章，字轨号码一致，字迹清楚，不得涂改，各项目填写齐全、正确无误，票面金额与实际支付的金额相符，两联的内容和金额一致 （3）不同商品或劳务名称应分别填写，汇总金额开立的发票及抵扣凭证应有"销货清单"作为发票附件，商品名称应与入库单相符 （4）"数量""单价""金额""税率""税额""合计""价税合计"各栏计算是否正确，"价税合计"中的大小写金额是否相符 （5）是否符合增值税专用发票的其他管理规定
3	审核不符的处理	一旦发现发票审核不符，采购员应当通知供应商重新核算，以最终核发数目准确的发票

第 15 章

供应商的日常管理

15.1 供应商档案归档

15.1.1 供应商档案管理对象

（1）从时间序列来划分，可分为老供应商、新供应商、未来供应商。新供应商和未来供应商为重点管理对象。

（2）从交易过程来划分，包括曾经有过交易业务的供应商、正在进行交易的供应商和即将进行交易的供应商。对于第一类供应商，不能因为交易中断而放弃对其进行档案管理；对于第二类的供应商，需逐步充实和完善其档案管理内容；对于第三类供应商，档案管理的重点是全面搜集和整理资料，为即将展开的交易业务准备资料。

（3）从供应商性质来划分，可分为特殊公司（与本公司有特殊业务等）、普通公司等。这类供应商因其性质、供应特点、供应方式、供应量等不同，对其实施的档案管理的特点也不尽相同。

（4）从供应数量和市场地位来划分，包括主力供应商（供货时间长、供应量大等）、一般供应商。不言而喻，供应商档案管理的重点应放在主力供应商上。

15.1.2 供应商管理内容

（1）供应商基础资料。即公司所掌握的供应商最基本的原始资料，是档案管理应最先获取的第一手资料。这些资料，是供应商档案管理的起点和基础。供应商基础资料主要包括公司名称、地址、电话、传真、E-mail、网址、负责人、联系人、公司概况、设备状况、人力资源状况、主要产品及原材料等。

（2）供应商特征。供应能力、发展潜力、企业规模和知名度等。

（3）业务状况。主要包括目前及以往的销售实绩、经营管理者和业务人员的素质、与其他竞争公司的关系、与本公司的业务联系及合作态度等。

（4）交易活动现状。主要包括供应商的交货状况、存在的问题、保持的优势、未来的对策；企业信誉与形象、信用状况、财务状况等。

15.1.3　供应商档案管理方法

（1）建立供应商档案卡。供应商档案管理的基础工作是建立供应商档案卡（又称供应商管理卡、供应商资料卡等）。采用卡的形式，主要是为了填写、保管和查阅方便。供应商档案卡主要记载各供应商的基础资料，这种资料的取得主要有三种形式。

① 提供供应商资料卡，由供应商填写。

② 由采购员通过平常的业务活动或其他各种渠道了解、收集供应商的相关资料。

③ 通过本公司和供应商已发生的采购情况（包括产品性能、产品质量、售后服务等实际情况）。

然后根据这三种渠道反馈的信息，对供应商的相关资料进行整理、核实汇总，填入供应商档案卡。

（2）供应商档案管理应保持动态性。供应商档案管理不同于一般的档案管理，如果一经建立，即置之不顾，就失去了其意义。采购员需要根据供应商情况的变化，不断地加以调整，消除过旧资料，及时补充新资料，不断对供应商的变化进行跟踪记录。

供应商档案管理的重点不仅应放在现有供应商上，采购员还应更多地关注意向供应商，为公司选择新供应商，开拓新市场提供资料。

（3）用重于管。供应商档案管理应"用重于管"，提高档案的质量和效率。采购员不能将供应商档案束之高阁，应以灵活的方式及时全面地提供给业务人员和有关人员。同时，应利用供应商档案，做更多的分析，使"死档案"变成"活资料"。

15.2　与供应商建立双向沟通

15.2.1　必须有沟通渠道

要进行双向沟通，首先必须有沟通渠道。而企业通常会规定这种沟通渠道，因此采购员应该好好利用这些渠道。沟通渠道如下。

（1）负责沟通的部门及人员。

（2）供应商接受沟通的部门及人员。

（3）沟通的方式，例如电话、互联网、信件、联席会议、走访等。

（4）沟通的具体规定，包括定期的和不定期的，定期的如联席会议、走访；不定期的如因临时出现问题而采取的沟通。

15.2.2　沟通渠道必须畅通

采购员发现问题能及时通知供应商，并迅速予以解决。因此，采购员必须掌握供应商的基本情况，这些情况包括以下内容。

（1）供应商的名称。

（2）供应商的地址。

（3）供应商的负责人。

（4）供应商负责沟通的部门及人员。

（5）供应商的联系电话、传真、网址。

（6）供应商提供的"采购"产品目录。

（7）供应商在"合格供应商名单"中的等级（供应商的供货能力）。

（8）供应商的历史表现情况。

（9）供应商处理问题的态度和能力。

（10）供应商对沟通的反应能力（包括反应是否及时、处理是否及时等）。

（11）其他有关供应商的情况。

15.2.3　建立相应的程序

（1）为了使双向沟通更有效，企业和供应商都应建立相应的程序。而该程序应当规定定期沟通和不定期沟通的时间、条件、内容、沟通方式等；必要时还应有专门的沟通记录，如"厂际质量信息卡"等。

（2）沟通的状况，应当作为供应商的表现之一（而且是表现的重要内容），并将其纳入对供应商的监督、考核之中，作为评定其等级的条件。

（3）对拒绝沟通或沟通不及时的供应商，则要让其限期改进。如果供应商不改进，就应考虑将其从"合格供应商名单"中除去。

15.3　要随时监视供应商的交货状况

所谓"监视"，就是及时了解并准确把握外包产品的交货、验证、使用等情况，发现异常可以及时与供应商沟通，从而及时解决存在的问题。

采购员应当在供应商的发货部门（包括发货前的检验部门）和企业的收货部

门（包括收货后的检验部门）建立信息点，其中后者也是最重要的信息点。

采购员要通过定期的收货及收货后检验情况报表和不定期的异常情况报告两种方式，对供货状况进行监视。而其中异常情况报告特别重要。对异常情况可以分级分类处理，其中如果涉及关键特性的质量问题、可能影响生产正常进行的问题应立即报告，不得延误。

采购员只有掌握了情况，才能对供应商进行监督，促使其采取纠正措施和预防措施，从而使供货状况向更好的水平发展。

在这一过程中采购员可以运用以下一些表格（表15-1～表15-4）来加强管理。

表15-1　A级供应商交货基本状况一览表

分析日期：

序号	供应商名称	所属行业	交货批数	合格批数	特采批数	货退批数	交货评分

制表：　　　　　　　　　　　　　　　　审核：

表15-2　供应商交货状况一览表

分析期间：　　　年　　月　　日

供应商编号		供应商简称		所属行业	
总交货批次		总交货数量		合格率	
合格批数		特采批数		退货批数	

检验单号	交货日期	料号	名称	规格	交货量	计数分析	计量分析	特检	最后判定
	月　日								
	月　日								
	月　日								
	月　日								
	月　日								

制表：　　　　　　　　　　　　　　　　审核：

表 15-3　检验品质异常报告

供应厂商		料号		品名	
交货日期					
交货数量					
样本数量					

进料异常描述：
□新料　　　□新版　　　　第____次进料
□无规格　　□未承认　　　□无样品
□附样品____件
□附检验记录
□同一异常已连续 3 次（含 3 次）以上
QC 工程师确认：

序号	规格	问题描述	不良数	MA	MI

简图：

表15-4　供应商异常处理联络单

自至				
电话：		E-mail：		
日期：		编　号：		
以下材料，请分析其不良原因，并拟订预防纠正措施及改善计划期限				
料号		品名		验收单号	
交货日期		数量		不良率	
库存不良品		制程在制品		库存良品	

异常现象	
IQC（来料质量控制）主管：	检验员：
异常原因分析（供应商填写）：	
确认：	分析：
预防纠正措施及改善期限（供应商填写） 暂时对策： 永久对策：	
审核：	确认：
改善完成确认：	
核准：	确认：

注：1.该通知就被判定拒收或特别采用的检验批向供应商发出。
　　2.供应商应限期回复。

15.4　及时处理供应商品质抱怨

供应商品质抱怨是指供应商在品质上有违反或未达到双方达成的品质协议或其他协议，企业对其供应商采取一种通知与处理的措施，也是一种相对轻微的措施。而严重的措施可能就是索赔。

品质抱怨通常是由IQC部门填写品质抱怨单（表15-5），交由采购部门发出。

新手学 采购 从入门到精通

表 15-5　品质抱怨单

供应商代码		供应商简称			
联系部门		联系人			
电话		传真			
E-mail		日期			
抱怨主题			性质	□普通	□紧急

抱怨内容：
　　贵公司＿＿＿＿年＿＿＿月＿＿＿日送货的（料号），型号为＿＿＿＿的＿＿＿＿产品，有＿＿＿＿的问题，造成我公司的＿＿＿＿＿＿＿＿＿＿＿＿＿＿等状况，请于＿＿＿＿＿年＿＿＿月＿＿＿日前处理好此问题，并以此为戒
　　另根据我公司与贵公司的＿＿＿＿＿＿协议，采取＿＿＿＿＿＿的处理，如有异议请来电
　　另附《×××》
　　《×××》
　　备注：

××公司采购部×××发
年　　月　　日

　　企业下发了品质抱怨单给其供应商，供应商在正常状况下会有回复，而对供应商回复的内容也要登记并记录保存下来；同时为了数据管理的方便，最好规范好登记格式。其内容必须包括抱怨单号、发出抱怨的信息、原要求解决日期、实际解决日期、最后判定等项目。其格式可参考表15-6，但也可根据自身特点编制。

表 15-6　品质抱怨回复记录表

供应商代码				供应商简称			
联系部门				联系人			
电话				传真			
E-mail				日期			
抱怨主题				性质	□普通　□紧急　□重大		
要求回复日期	年　　月　　日			实际回复日期	年　　月　　日		
抱怨内容说明：							
回复内容说明：							
回复判定： 判定人： 　年　　月　　日							

15.5 来料后段重大品质问题处理

来料后段重大品质问题，是指供应商交货后所发生的重大品质问题，如造成本企业作业员的受伤甚至人身安全危险、本企业大量产品的报废、本企业产品出到客户或消费者手中发生大的客诉、抱怨、索赔等事件。

来料后段重大品质问题的发生，对企业的危害是非常大的，甚至可能导致企业倒闭，因此在处理时必须严谨而慎重。此类事件的流程一般如图15-1所示。

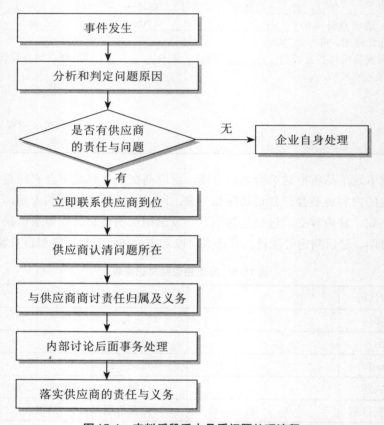

图 15-1 来料后段重大品质问题处理流程

15.5.1 区分事件发生在企业内还是企业外

在实际工作中，发生的事件是多种多样的，可能是生产过程中发生了较大的问题，也可能发生在客户处，还可能发生在消费者处。因此可以将事件分为企业内和企业外。

在企业内发生的事件，相对而言较好处理。因为事件一发生，现场人员立即上报主管人员，随后主管人员到场，在保护人员的基础上保持现场的状态不被破坏，并请相关专业人员来做初步鉴定。

在企业外发生的事件，企业最先让具备一定技术和经验的人员进行电话沟通，初步判定其问题所在，并用积极的态度对待。

15.5.2　分析和判定问题原因

在判定原因时，一定要严谨而慎重，并且要对其客观分析。首先要根据产品的追踪找问题的根源，再明确相关人员的责任。如有供应商方面的原因则必须尽快联系供应商；如无供应商方面的原因，则企业内部人员应采取一定的处罚措施对相关人员以示警告。

15.5.3　联系供应商到位

与供应商的联系一般先是通过采购来进行，也可由高层主管人员联系供应商。采购方根据问题的大小及性质，可指定供应商的处理级别以示严肃。

15.5.4　供应商认清问题所在

采购方若要让供应商认识到问题所在，除了要在技术层面上让供应商认同之外，还要在物料的追踪上让供应商认可是他们的物料，否则容易引发权责问题。而且最好还能与供应商沟通好预防的措施。

15.5.5　与供应商商讨责任归属及义务

这是最严肃的问题，采购方一定要有理有据地来商讨。

15.5.6　内部讨论后面事务处理

企业内部相关人员，如管理层、各部门主管一起讨论该事件的后续处理事务。

15.5.7　落实供应商的责任与义务

如发生了重大问题，采购方不需要向供应商发出品质抱怨单，而应立即暂停所有下发给该供应商的新订单，并将供应商等级直接降低，甚至取消其供应资格。

15.6　定期评估供应商

15.6.1　供应商评估的内容

供应商评估分为适合性评估和业绩评估两种。

（1）适合性评估。适合性评估就是对供应商进行综合的评价，内容包括供应能力、交货期的遵守、合作能力、责任感、忠诚度等。适合性评估表见表15-7。经适合性评估，供应商C的评分最高。

表15-7　适合性评估表　　　　　　　　　　单位：分

比较项目	满分	评估分		
		供应商 A	供应商 B	供应商 C
品质可靠性	20	12	18	19
批量供应能力	10	10	10	10
价格优惠	20	20	18	16
严守交货期	16	15	16	15
合作能力及态度	4	3	2	4
信息共享能力	8	6	6	8
技术合作能力	8	6	7	6
忠诚度及责任感	10	8	3	10
未来发展能力	4	3	1	4
合计得分	100	83	81	92

（2）业绩评估。业绩评估就是对供应商的供货品质、价格、交货及服务等的执行业绩进行的评价，见供方业绩评定表（表15-8）。

① 品质。按照采购合同的规定，品质检验部门对供应商交货的产品进行检验，并列表进行加权计算。一般品质加权比率约40%，其品质越低则扣分越多。例如，合格率为90%，则其品质评分为40×90%=36分。品质方面的评价指标如下。

a.批退率。

$$批退率 = \frac{判退次数}{交货次数} \times 100\%$$

根据某固定时间内（如一个月、一个季度、半年、一年）的批退率来判定品质的好坏。如上半年某供应商交货50批次，退货3批次，则其批退率为3÷50×100%=6%。批退率越高，表明其品质越差，得分越低。

b.平均合格率。

$$平均合格率 = \frac{各次合格率之和}{交货次数} \times 100\%$$

根据每次交货的合格率，再计算出某固定时间内合格率的平均值，以此判定品质的好坏。如1月某供应商交货3次，其合格率分别为90%、85%、95%，则其平均合格率为（90%+85%+95%）÷3=90%。合格率越高，表明品质越好，得分越高。

c.总合格率。

$$总合格率 = \frac{总合格数}{交货总数} \times 100\%$$

根据某固定时间内总的合格率来判定品质的好坏。如某供应商第一季度分5批，共交货10000个，总合格数为9850个，则其合格率为9850÷10000×100%=98.5%。合格率越高，表明品质越好，得分越高。

② 价格。根据市场同类材料最低价、最高价、平均价、自行估价，计算出一个较为标准的、合理的价格。

评比时，依据供应商交货价格编列明细表，计算价格加权数。一般价格加权数比率为35%，单价越低则得分越高。例如，最低单价为10.60元，其得分为满分35分，则某厂商的交货单价为11.16元时，其评分为30分。

③ 交货及服务。根据交货迟延或有关资料编制明细表，一般交货期占权衡比率约25%，其交货期越短，交货越准时，得分越高。

例如，限期内交货为90%，则交货期评分为25×90%=22.5分。

交货方面的评价指标如下。

a.交货率。

$$交货率 = \frac{送货数量}{订购数量} \times 100\%$$

交货率越高，得分就越高。

b.逾期率。

$$逾期率 = \frac{逾期批数}{交货批数} \times 100\%$$

逾期率越高，得分越低；逾期越长，扣分越多；逾期造成停工待料，则加重扣分。

表 15-8 供方业绩评定表

供方名称：	地址：
电话、传真：	联系人：
供应产品及类别（A，B）：	
进货物资质量控制方法（在□内标注√）： 进货检验 □；进货外观验证 □；本公司到供方现场验证 □；顾客到供方现场验证 □；顾客到本公司现场验证 □	
质量得分（占60%）：（合格批次 ÷ 到货总批次）×60% 质量评分：	
按期交货得分（占20%）：（按时到货批次 ÷ 到货总批次）×20% 交期评分：	
其他情况（占20%），如包装质量、售后服务、配合度等 其他评分：	
总评分及处理建议： 评定人员：	日期：

15.6.2 评估后的奖惩

采购方依据考核的结果，给予供应商升级或降级的处分；并根据采购策略的考虑，对合格、优良的供应商给予优先议价、优先承揽的奖励，或对不符合标准的供应商予以拒绝往来的处分。

（1）奖励。

① 评选绩优者，使其优先取得交易机会。

② 评选绩优者，对其优先支付货款或缩短票期。

③ 对于推行改善成果显著者，给予奖励。

④ 供应商享受各项训练、研习及考察的参加机会。

⑤ 颁奖。

（2）资格重估。发生下列事项时，供应商的资格应重估（也为"追踪"调查的范围）。

① 卖方或供应商已修改其制程、改用原料、改装设备或停止生产某一产品而以另一种新品取代，声称性能相同甚或改进者，或变更料号者，均应于更改之前书面通知本企业。

② 拟采购项目的规格或要求事项，已有修正或补充，且足以影响产品的性能者。

③ 对采购的货品能否符合本企业原先设计的性能与规格，颇感怀疑者。

（3）取消供应商资格。发现某零件或供应商服务的品质或交货行为不符合标准时，采购员可随时对该供应商的资格进行调查，并要求其改善缺失；如无法改善则可提出淘汰的申请（表15-9），征询各部门意见，确定后，填供应商异动通知单，做降级处理或取消该供应商资格。

取消供应商资格，分取消某特定材料的某一供应商资格，或完全取消该供应商对本公司销售的权利两种。若完全取消，则将其列入不合格供应商名册（俗称"黑名单"）内，在一年内不再予以审核。不合格供应商名册由采购部负责维护更新，并分发给各相关部门。

表15-9　供应商资格取消申请

供应商名称		代号		供应品名	
取消理由：					
申请部门		申请人		日期	
相关部门意见：					
总经理意见：					
结果				生效日期	

15.6.3　评估考核的层次划分

对供应商绩效考核的一般做法，是划分出月度考核、季度考核和年度考核（或半年考核）的标准与所涉及的供应商。

（1）月度考核一般针对核心供应商及重要供应商，考核的要素以质量和交货期为主。

（2）季度考核针对大部分供应商，考核的要素主要是质量、交货期和成本。

（3）年度考核（或半年考核）一般针对所有供应商，考核的要素包括质量、交货期、成本、服务和技术合作等。

对于供应商的考核层次划分，企业通常都有明确的规定，作为采购新手，有必要去熟悉这一规定，具体可查阅企业的供应商评估考核办法。以下是某企业确定的供应商考核类别及要求范例。

【范本】▶▶▶

供应商考核类别及要求

1. 月度绩效考核

1.1 考核时间：每个财政月度月结后的第一周。

1.2 考核表格："供应商月度绩效考核表""供应商绩效记分卡"。

1.3 考核项目及评估部门。

（1）供货品质：由IQC负责。

（2）按时交货：由PMC负责（考核按时交货时要考虑"附加运费情况"）。

（3）成本因素：由采购负责。

（4）抱怨处理：由SQE负责。

1.4 考核结果与等级划分。

（1）91～100分：A等级。

（2）85～90分：AB等级。

（3）75～84分：B等级。

（4）低于74分：低等级。

1.5 考核及通知供应商步骤。

编制"供应商月度绩效考核表"→评估供应商绩效（IQC→SQE→PMC→采购）→总经理签字→编制月度"供应商绩效记分卡"→打印→盖章→将"供应商绩效记分卡"通知供应商。

注：此过程必须在10个工作日内完成。

新手学
采购
从入门到精通

步骤说明：每个财政月度月结后的第一个工作日，由IQC指定人员根据当月供应商来料情况，针对来料大于（或等于）5批的供应商整理出"供应商月度绩效考核表"，按照"IQC→SQE→PMC→采购"顺序分别对供应商的各个考核项目进行评分，经品管部和物流部以及采购部各部门经理共同审核后，呈总经理签字认可。采购部安排指定人员根据认可的"供应商月度绩效考核表"编制各个供应商的月度"供应商绩效记分卡"，打印后须加盖企业印章再通过传真或发邮件、快递、打包的方式通知供应商。

2.年度绩效考核

2.1 考核时间：新财政年度的第三周。

2.2 考核表格："供应商年度绩效考核表""供应商绩效记分卡"。

2.3 考核项目及评估部门。

（1）供货品质：由IQC负责。

（2）按时交货：由PMC负责（考核按时交货时要考虑"附加运费情况"）。

（3）成本因素：由采购负责。

（4）抱怨处理：由SQE负责。

2.4 考核结果与等级划分。

（1）91～100分：A等级。

（2）85～90分：AB等级。

（3）75～84分：B等级。

（4）低于74分：低等级。

2.5 考核及通知供应商步骤。

编制"供应商年度绩效考核表"→品管部审核→物流部审核→采购部审核→总经理签字→编制"供应商绩效记分卡"→打印→盖章→将"供应商绩效记分卡"通知供应商。

注：此过程必须在10个工作日内完成。

步骤说明：新财政年度第三周的第一个工作日，由IQC指定人员根据上一财政年度的"供应商月度绩效考核表"，针对供货大于（或等于）6个月的供应商整理出"供应商年度绩效考核表"，经品管部和物流部以及采购部各部门经理共同审核后，呈总经理签字认可。采购部安排指定人员根据认可的"供应商年度绩效考核表"和认可的年度"供应商审核计划"编制供应商的年度"供应商绩效记分卡"，打印后须加盖企业印章，再通过传真、发邮件、快递、打包的方式通知供应商。

3.定期绩效考核

3.1 考核时间：依据"供应商审核计划"的安排时间。

3.2 考核表格："供应商（分包方）评估报告"。

3.3 考核项目。

（1）定期评估（必选项）：供货品质、按时交货、成本因素、抱怨处理（考核按时交货时要考虑"附加运费情况"）。

（2）现场评估（可选项）。

3.4 定期评估考核准则与结论。

3.5 现场评估考核结果与结论。

（1）＞74分：符合。

（2）≤74分：不符合。

3.6 定期绩效考核成绩。

（1）定期评估结论和现场评估结论均为"符合"或"合格"，最终评估结果为"合格"。

（2）定期评估结论和现场评估结论任一项出现"不符合"或"不合格"，最终评估结果为"不合格"。

3.7 考核及通知供应商步骤。

制订"供应商审核计划"→审核（品管部→采购部）→总经理签字→副本提供给采购部→编制"供应商绩效记分卡"→打印→盖章→将"供应商绩效记分卡"通知供应商→实施定期绩效考核→审批"供应商（分包方）评估报告"→考核结果通知供应商→"供应商（分包方）评估报告"存档。

注：供应商审核小组必须按"供应商审核计划"实施；若有变更，"供应商审核计划"必须修改和得到批准。

步骤说明：SQE根据认可的年度"供应商年度绩效考核表"编制下一年度的"供应商审核计划"，经品管部和采购部部门经理审核后，呈总经理签字认可。若供应商属于每月交易额很小或专业性强的行业及海外供应商和代理商等，在"供应商审核计划"里可以不安排进行现场审核。采购部安排指定人员根据认可的年度"供应商年度绩效考核表"和认可的年度"供应商审核计划"副本编制供应商的年度"供应商绩效记分卡"，打印后须加盖企进行分层次考核的目的在于抓住重点，对核心供应商进行关键指标的高频次评估，以保证能够尽早发现合作过程中的问题。对于大部分供应商，则主要通过季度考核和年度考核来不断完善，通过扩充考核要素进行全面的评估。

15.7 防止供应商垄断

在与供应商相处的过程中，如何防止供应商垄断也是供应商关系管理的一个重要方面。作为采购员，该通过哪些途径防止供应商的垄断，以便企业的采购作业顺利进行？请参照图15-2所示几种方法。

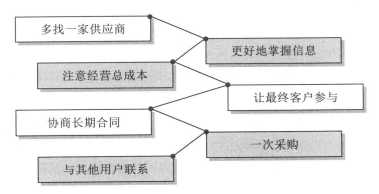

图15-2 防止供应商垄断的方法

15.7.1 多找一家供应商

独家供应有两种情况，一种是单一供方（Single Source），即供应商不止一家，但仅向其中一家采购；另一种是唯一供方（Sole Source），即仅此一家别无分号。通常单一供方多半是买方造成的，比如仅向关系企业订购，将原来许多家供货商削减到只剩下最佳的一家。唯一供方则是卖方造成的，比如独占性产品的供应者或独家代理商等。

在单一供方的情况下，只要"化整为零"，变成多家供应（Multiple Sources），造成卖方的竞争，那么供应商就自然不会任意抬高价格。

在唯一供方时，由于市场信息缺乏，讨价还价的结果是买方依然吃亏。此时，采购方若能与供应商建立良好的人际关系，签订长期合约，也可以避免采购方在缺货时必须支付很高的现货价。

15.7.2 更好地掌握信息

采购员要清楚了解供应商对采购方的依赖程度。有家公司所需的元器件只有一家货源，但它发现自己在供应商仅有的三家客户中是采购量最大的一家，因而供应商离不开这家公司，结果在其要求降价时供应商做出了相当大的让步。

15.7.3 注意经营总成本

供应商知道采购方没有其他货源，可能会咬定一个价格，但采购方可以说服供应商在其他非价格条件上做出让步。因此采购员应注意交易中的每个环节，并全都加以利用，因为总成本中的每个因素都可能使采购方节约成本。

15.7.4 让最终客户参与

如果采购方能与最终用户合作并给予他们信息，摆脱垄断供应商的机会也会伴随采购方而来。例如，工程师往往只认准一个商标，因为他们不了解其他选择。如果向他们解释只有一家货源的难处，他们往往就可以让采购方采购截然不同的元件。

15.7.5 协商长期合同

长期需要某种产品时，采购方可以考虑订立长期合同，但一定要保证持续供应和价格的控制，并要采取措施预先确定产品的最大需求量以及需求增加的时机。

15.7.6 一次采购

当采购方预计所采购产品的价格可能要上涨时，这种做法才可行。采购方可根据相关的支出和库存成本，来权衡一下将来价格上涨的幅度，并与营销部门紧密合作，从而获得准确的需求数量，进行一次性采购。

15.7.7 与其他用户联系

与其他具有同样产品需求的公司联合采购，由一方代表所有用户采购会惠及各方。

第 ⑯ 章

网络采购

随着科技的发展，互联网已经渗入到各个行业，采购也不例外，现如今采购员也要跟上时代的发展，通过网络来实现采购。与普通采购员不同的是，网络采购员不仅要能熟练地使用电脑，还必须具备一些其他的技能。

16.1 网络采购必备知识

16.1.1 要选对采购平台

什么样的采购平台才算符合要求呢？具体要求如图16-1所示。

图16-1 符合要求的采购平台

16.1.2 要学会辨别供应商

找到了合适的平台，接下来采购员要做的就是辨别供应商的真实性。采购员可查看采购平台对供应商提供的各种审核认证，比如阿里巴巴的诚信通以及世界工厂网的工厂专属认证标志，此外还要确认一下企业信息是否完善，是否提供营业执照以及相关资质认证。

16.1.3 具备网络谈判技巧

由于整个采购过程是在网上进行的，因此采购员需要掌握一定的网络谈判技巧。线下的商务谈判时，采购员可能会控制不好情绪、身体语言等，对方有可能从中推测出一些信息，但网络谈判就不一样了，采购员可以通过QQ表情等来表达自己的情绪，很好地控制自己的情绪和态度。

16.1.4　认清采购产品的价格

在网络采购平台上进行网络采购时，如果看到高质量又是低价格的产品，采购员在进行一个简单的成本计算之后，判断价格有问题，那么建议就不需要向这类供应商进行采购。因为网络采购也不一定是万能的，价格有时候也不一定是真正符合行情发展的，所以，采购员还是需要自己去调查市场价格，做好采购产品的成本价格分析等。

16.1.5　关注采购产品的质量

作为一名合格的采购员，质量是首要关注的一个点。所以当在网络采购平台上进行采购时，采购员要提前了解到供应商的产品质量是不是自己理想要求的，通常在采购时，首先需要关注供应商产品的质量、商检合格证；其次要关注产品性能规格和参数等情况。

16.1.6　要建立供应商档案

每次采购结束后，采购员都要对供应商进行各个方面的评价，尽量量化。评价指标包括产品质量如何、付款方式、能否按时交货、物流方便与否等，最后得出结论，以后是否可以合作。

16.1.7　其他技能

此外，采购员进行网络采购时要用到物流、网银等知识，因此采购员必须了解一些物流运输以及网银操作方面的知识。

采购员只有掌握上述基本知识并贯彻执行，才可以顺利进行网络采购。

16.2　网络供应商的管理

网上采购目前已成为国内中小企业的一种主流采购模式，在这种模式下供应商管理较之以前发生了本质的变化。从某种程度上说，供应商关系管理的成败可决定网上采购能否顺利实施。合格的供应商是保证物资高质、高效供应的基本保证。因此，采购员有必要做好网络供应商的管理。

16.2.1 网络供应商管理的现状

网上采购利用互联网这一媒介，改变了传统采购模式供应商数量的局限性，实现了对供应商的全方位选择的同时，也带来传统采购模式下不曾遇到的新问题，具体如图16-2所示。

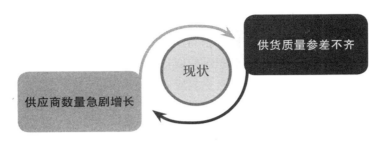

图16-2 网络供应商管理的现状

（1）供应商数量急剧增长。供应商数量急剧增长，是传统模式下供应商总量的几倍甚至十几倍。这些供应商地域遍布全国主要省份，企业性质多种多样，企业规模相差悬殊，供应商核心能力参差不齐，这种状况给中小企业供应商管理带来前所未有的挑战。

（2）供货质量参差不齐。网上采购信息透明、竞价充分，决定供货商的原则一般为低价中选。这在一定程度上会导致部分供应商为了获得供货资格，尽量压低报价，中选后以降低供货质量来保持利润，甚至极个别供应商不顾自身信誉提供假冒伪劣产品。

16.2.2 网络供应商管理的基础工作

供应商管理的基础工作，主要包括图16-3所示几方面的内容。

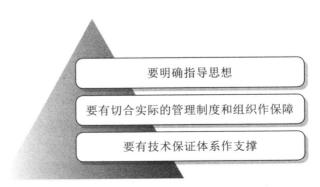

图16-3 供应商管理的基础工作

（1）要明确指导思想。网上采购的核心是逐步完善，直到建立一个具有高效市场反应的供应链，提高企业的长期竞争力。基于这个认识，供应商关系管理就要以公平公正为目标，努力创造良好的网上交易环境；以业绩为导向实现供应商的优胜劣汰；以业务奖励为手段逐步培育核心供应商，实现供需双方的共赢。

（2）要有切合实际的管理制度和组织作保障。俗话说："没有规矩不成方圆。"专门的供应商管理制度是执行供应商管理的依据，是供需双方进行公平交易的必须信守的准则，是交易双方维护自身正当权益的保障。与此同时，设置独立于采购业务之外实施对供应商管理的专职供应商管理机构，也是做好供应商管理的一项重要措施。专职供应商管理机构负责供应商管理标准的建立、供应商认证、供应商资质管理、供应商绩效管理、供应商投诉处理、供应商考核与激励，以及供应商开发的实施。这样的组织设计可以有效避免供应商管理过程中的人情因素，保证了制度执行的有效性。

（3）要有技术保证体系作支撑。网上采购的信息发布必须明确、准确，否则会带来供应商报价标准的不统一和对供应商的排斥；另外，到货物资验收标准的模糊也会造成验收过程中的供需双方各执一词，导致验收纠纷。这些会造成对供应商实际的不公平，甚至还会带来采购方内部人员的违规等一系列不正常现象的发生。依据国标、行标制定和执行企业通用性物资及专业物资的验收标准，在很大程度上可有效避免上述问题的发生。

16.2.3　网络供应商的寻找

优秀的供应商是企业成功采购的决定因素，采购员在选择和评估供应商时，必须对诸多因素进行综合考虑，包括交货速度、产品质量、批量柔性、技术能力、应变能力、采购价格等。那么，该如何寻找优质的网络供应商呢？具体步骤如图16-4所示。

图16-4　网络供应商的寻找步骤

（1）了解需要采购产品的性能和市场价格。上网寻找供应商之前，采购员应先了解需要采购产品的性能和大概的市场价。这样做的目的是方便以后在网上查找供应商时，有一定的主动性。由于对产品有了一定的专业度，供应商会认为对方对产品比较熟悉，就不会乱报价。对企业而言，就可以很顺利地采购到合适价位和品质的产品，节约采购成本。

（2）确定搜索关键词。有了产品基础和价格的一般知识，采购员就可以开始网上搜索，寻找优秀供应商。

 **实例** ▶▶▶

比如，服装厂要找花边或蕾丝花边供应商，一般会先确定关键词，总结的关键词如下。

花边厂，花边厂家，花边生产厂家，蕾丝花边厂，蕾丝花边厂家，蕾丝花边生产厂家，蕾丝花边公司，蕾丝花边供应，蕾丝花边批发等。如果服装厂在深圳，为了合作的便利性，还可直接加入地区名搜索，如深圳蕾丝花边，深圳蕾丝花边厂，深圳蕾丝花边厂家，深圳蕾丝花边生产厂家，深圳蕾丝花边公司，深圳蕾丝花边供应，深圳蕾丝花边批发，深圳蕾丝花边定做等。

然后从中确定2～3个关键词，如蕾丝花边、深圳蕾丝花边、深圳蕾丝花边工厂，以实现供应商查找聚焦。

接下来，利用百度搜索蕾丝花边、深圳蕾丝花边、深圳蕾丝花边工厂。

然后从中选择排在第一和第二页的公司，因为这些排名靠前的，一般都是有一定规模和实力的公司或代理商，这样的公司产品性价比高，质量也有保证，公司实力也信得过。

（3）评估供应商的实力和规模。采购员可通过供应商公司网站和网络排名，来评估供应商的实力和规模。

比如，从上面实例中分别搜索蕾丝花边、深圳蕾丝花边、深圳蕾丝花边工厂，3个关键词排第一的是深圳××花边厂。

搜索结果出来后，采购员上网站查看供应商的公司简介、工厂图片以及他们的组织架构。如果这些都齐全，说明该供应商是一个完整的、有规模和实力的公司。

在对供应商的网站分析后，采购员可以直接电话咨询该供应商，或者用QQ直接联系供应商业务员。如果响应速度很快，说明这家供应商的售后和服务比较好，值得考虑。

（4）考核供应商的资质。采购员在经过搜索引擎查找和通过网站初步评估后，就进入考核状态，对于企业资质不良、有不良信用记录的供应商坚决不予通过。

合格供应商的基本标准应符合图16-5所示的条件。

标准一	在中华人民共和国境内注册，具有独立承担民事责任能力的企业
标准二	在工商部门登记注册、上年度年检合格
标准三	应具有一般纳税人资格
标准四	生产经营符合环保要求、所生产或经销的产品符合国家标准
标准五	近三年内未发生重大经济纠纷，具备良好的行业信誉
标准六	财务状况良好，资产负债情况、利润情况、现金流量情况等财务评价良好，无经营风险
标准七	能够严格遵守国家法律法规开展生产经营活动
标准八	具备完善的售后服务保证体系和技术支持队伍

图16-5　合格供应商的基本标准

采购员也可以通过微信、QQ等交谈工具，要求供应商提供以下资料，以作考核。

（1）盖公章的企业营业执照副本复印件。

（2）盖公章的企业税务登记证副本复印件（并已办理当年度年检）。

（3）企业法人代码证书。

（4）商标注册证明。

（5）代理、经销商的代理、经销许可（授权书）。

（6）企业开户行资料。

如供应商都可以提供好这些资料，并且已经考核通过，采购员就可以考虑合作事宜。

16.2.4　网络供应商的选择

在网上采购，当采购员找到目标供应商后，无论采购需求多么紧急，也一定要注意核查目标供应商的正规性。通常，选择供应商时采购员应当注意以下几个问题。

（1）尽量选择企业营业执照已核实的企业。在很多B2B平台都要求企业上传其营业执照，对已上传真实有效营业执照的企业，平台往往会进行标注，如图16-6所示。

图 16-6　B2B平台上企业的注册信息

（2）尽量选择提供的企业资质证明较为完善的企业。在很多B2B平台都会要求注册企业提供企业资质证明，如经营许可证书、产品类证书、税务登记证书等企业证书。采购员在平台上寻找到供应商，可以进入企业网站查找该企业的"企业证书"，查看目标企业的经营许可证、产品类证书等，以此来对该企业及其供应产品的资质进行综合权衡，如图16-7所示。

经营许可类证书					产品类证书・营业执照证书
证书图片	**证书名称**	**发证机构**	**生效日期**	**截止日期**	
	营业执照		2012-03-31	2022-03-31	

产品类证书				
证书图片	**证书名称**	**发证机构**	**生效日期**	**截止日期**
	产品证书		2011-04-03	2012-04-03

其他证书				
证书图片	**证书名称**	**发证机构**	**生效日期**	**截止日期**
	营业执照		2011-04-04	2013-04-05

图 16-7　查找该企业的"企业证书"

另外，查询企业真实性及信用资质等，还可以通过以下方法。

在各地/市的工商行政管理局网站及信用网站，通常都提供企业信息及信用查询。可以通过这个渠道来查询供应商企业的真实性。

（3）尽量选择联系方式同时留有固定电话和手机号码的企业。

通常来讲，正规的企业都会装有固定电话，而骗子通常没有固定电话，只留一个手机号。

另外，网上采购时，采购员初步筛选出一些目标供应商后，对于该企业在网上留下的固定电话和联系人手机号码，可以首先在搜索引擎中搜索一下这些号码，目的有两个。

① 根据搜索该号码时找到的企业地址、联系人等，对照该企业在网上留下的信息，看是否相符。

② 搜索该号码，看是否有相关负面信息。如有负面信息，一定要提高警惕，谨慎对待。

（4）与供应商沟通过程中的注意事项。确定一些目标供应商后，沟通过程中应注意以下几点。

① 打电话给该企业，对其企业联系人姓名、身份（所属部门、职级甚至权限）等进行核实或进一步了解。

② 可请企业提供企业资质证明，如传真其营业执照、经营许可证、产品相关证书等。

③ 索要来样品后，不要只看图样就急于确定合作意向，还要对产品的详细参数、质保及售后等，与厂家进行详细沟通了解，如果对方在回答过程中很多问题都答不出来或遮遮掩掩，则需要提高警惕。

④ 如果是大宗工业品的采购，条件允许的话，还是尽量与厂家商议实地考察事宜，当面进行交易。

16.3　网络交易安全管理

在网络上采购到满意的产品，并进行安全的交易，是所有采购商和供应商共同的愿望。为了确保网络交易的安全，采购员首先要了解有哪些常见的网络交易风险，才能针对这些风险采取相应的预防和防范措施。

16.3.1　网络交易常见风险

网络交易常见的风险有图16-8所示的几种。

图16-8　网络交易常见风险

（1）产品识别风险。由于网络的虚拟性，采购方有可能不索取或得到不真实的样品，供应商在把一件立体的实物缩小许多变成平面画片的过程中，商品本身的一些基本信息会丢失，采购方不能从网站的图片和文字描述中得到产品全面、准确的资料。这会给采购方带来产品识别的风险，这种风险会延伸到产品的性能、质量等诸多方面。

（2）质量控制风险。电子商务中的卖方可能并不是产品的制造者，质量控制便成为风险因素之一，如果卖方选择了不当的外包方式，就有可能使采购方承担这一风险。

（3）网上支付风险。作为电子商务的一部分，支付手段也会有所变化，许多企业仍然担心安全问题而不愿使用网上支付手段，因此，支付问题是电子商务的风险因素之一。

（4）物权转移中的风险。电子商务需要建立远程作业方式，商品在转移过程中意外情况的发生都会影响交易的成功，物权转移过程中也会产生相应的风险管理问题。

（5）信息传送风险。电子商务的主要业务过程是建立在互联网基础上的，许多信息要在网络中传送。如果遭受电脑"黑客"的攻击，重要的企业信息甚至支付权限被窃取，其后果将是异常严重的。

16.3.2 网络交易风险预防

针对各种网络交易风险，最为关键的预防措施是准确识别交易风险，特别是在交易前对交易对方的身份识别。下面以在阿里巴巴上的交易为例，具体介绍如何预防网络交易的风险。

（1）信息内容辨别真伪。如果公司介绍太简单，地址也写得很模糊，预留的公司网站是虚假地址，通常情况下，就有可能是虚假的信息。虽然，人们并不能从这些信息中完全断定对方的虚假，但至少可以提高警惕。

（2）查询企业信用记录。通常情况下，阿里巴巴的会员可以将信息发布方的公司名称输入阿里巴巴企业信用数据库，查询信息发布方的信用记录。在阿里巴巴的企业信用数据库中，可以查询到很多信用不良的企业被投诉的记录。这些记录，可以帮助用户判定信息发布方的诚信程度。图16-9所示的就是企业被投诉的记录。

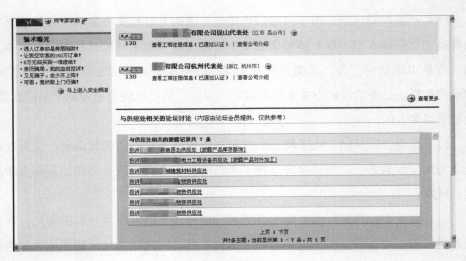

图 16-9　企业被投诉的记录

（3）从论坛搜索相关信息。阿里巴巴论坛是网商们交流信息的园地，其中不少是揭露网络骗子的信息，因此，在用户对某企业诚信程度不能把握的情况下，可以到阿里巴巴论坛中去搜索相关信息。只要把某个企业的名称输入阿里巴巴论坛中进行搜索，如果发现有网商发帖子揭露该企业的不诚信行为，那用户与该企业进行商业贸易的风险性则比较大。图 16-10 所示是在阿里巴巴论坛中搜索到的揭露网络骗子的帖子。

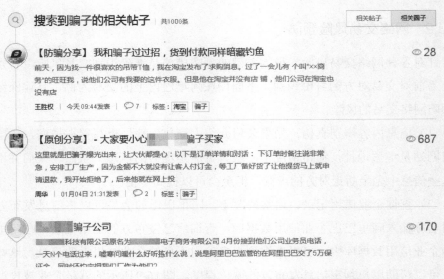

图 16-10　在阿里巴巴论坛中搜索到的揭露网络骗子的帖子

（4）查询诚信指数及评价。如果信息发布方是诚信通会员，准确了解该企业的诚信程度则比较方便。这是因为阿里巴巴诚信通会员都是通过了第三方认证的，同时用户可以查看该企业作为诚信通会员的诚信通档案。诚信通档案记录了企业的诚信指数及其他客户的评价，可以借以综合判断与该企业进行贸易时的风险程度。图16-11所示的是某企业的诚信通档案，从中可以查询到该企业的诚信通指数、客户评价、证书荣誉、资信参考等信息。

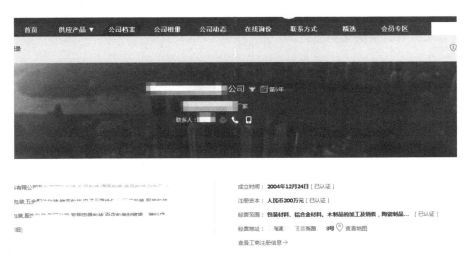

图16-11　某企业的诚信通档案

（5）通过搜索引擎搜索。前面4项防范贸易风险的措施，均是依据阿里巴巴网站来获取信息的，除此之外，也可以借助其他工具获得相应的信息。而通过搜索引擎获取某个企业的贸易诚信信息也不失为一个好办法。

采购员可以将某个企业的名称、地址、联系人、手机、电话、传真等信息，输入搜索引擎中，找到和其相关的信息就可以据此做出综合的判断。当然，在进行商业贸易的过程中，判定搜索引擎搜索到的信息是否真实可靠也是很重要的，这需要运用其他手段来完成。互联网上的信息如浩瀚大海，相互矛盾的信息也屡见不鲜，需要时时提高警惕。

（6）通过工商管理部门网站查询。采购员要了解交易对方诚信的资讯，可以通过国家权威部门的网站上查询，如通过国家市场监督管理总局网站进入各地工商红盾网的网站，在红盾网中，可以查到交易对方的企业代码、法人代表、地址以及联系方式等信息，帮助用户了解对方公司的真实注册情况。

从工商行政管理部门网站上查询的资料，具有很高的可靠性。采购员可以根据权威部门提供的信息做出正确的判断。

（7）手机归属地判断。在交易对方所提供企业联系方式中，通常有手机号码。为此，对交易对方信息的真实性，采购员也可以通过手机归属地查询。

（8）专业性测试。网络骗子的最终目的是通过网络获取非法收入，因此，通常情况下其专业知识是有限的。大多数网络骗子是通过格式化的传真或是求购函，四处散发类似于传单的求购信息。由于网络骗子们没有真实的采购意图，往往对产品本身并不了解或是了解不多。因此，用户在与其进行沟通的过程中，可以运用自己对产品的知识，设定一些问题，测试对方是否了解采购的产品，进而来判断对方是否有真实的采购意图。

16.3.3　网络交易风险防范

在核实了对方身份，双方达成协议后，自然要进入下一个环节——付款。一旦涉及货款的问题，特别需要谨慎对待，推荐使用三种较安全的付款方式。

（1）对公账户汇款。企业的对公账户，是以企业身份在银行登记的账户，银行已经核实了对方企业的注册情况。因此，企业的对公账户，是可以选择的安全汇款方式。

（2）法人代表的私人账户。有时需要对方提供企业法人的私人账户，因为只有法人的私人账户，才能和这个企业直接挂钩，也是比较可信的汇款方式。

（3）支付宝交易。如果对方不愿提供法人的私人账户，随便提供一个账户，自称是公司财务的账号，那么就一定要求使用支付宝。支付宝作为网络支付平台，其最大的特点就是使用了"收货满意后卖家才能拿钱"的支付规则，在流程上保证了交易过程的安全与可靠。同时，支付宝拥有先进的反欺诈和风险监控系统，可以有效地降低交易风险。

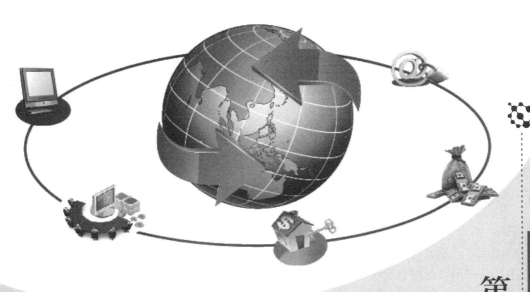

第三部分　采购业务提升期

导言

　　采购新手经过一段时间的业务入门实践之后，要有目标地提升自己的业务能力，使自己的业绩不断攀升。作为一个不断成熟的采购员，必须不断关注采购成本的降低、采购质量的控制、采购价格降低的策略，在业务上精益求精，为企业业绩贡献自己的力量。同时，采购员若要铺就职业成长之路，就必须了解采购员的职业发展路径及企业中采购职能的层次，从而不断学习以提升自己，并且关注工作的细节。

第 ⑰ 章

降低采购成本

17.1　两种成本观

采购支出是构成销货成本的主要部分。因此采购员必须具有成本意识，会精打细算，不可大手大脚；另外，采购员必须具有"成本效益"的观念，所谓"一分钱一分货"，不可花冤枉钱，买了品质不好或不堪使用的物品，并能随时将投入（成本）与产出（使用状况——时效、损耗率、维修次数等）加以比较。

企业采购成本的两种看法如下。

（1）采购价格成本观：采购成本＝采购价格。

（2）采购支出成本观：采购成本＝企业采购支出−采购价格。

以上两种有关采购成本概念在学术界一直存在争议，本书先从"采购成本＝企业采购支出"说起。在该概念中，采购成本是指与采购原材料部件、采购管理活动相关的物流费用，包括采购订单费用、采购计划制订人员的管理费用、采购员管理费用等，但不包括采购价格。该概念主张找出采购过程中浪费的环节，以便寻找到削减采购成本的途径。

17.1.1　企业采购支出成本观

企业采购支出成本观是指在该概念中，采购成本通常包括材料维持成本、订购管理成本以及采购不当导致的间接成本。采购支出成本的主要部分如图17-1所示。

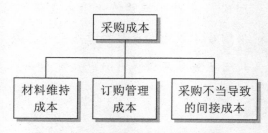

图 17-1　企业采购支出成本的主要部分

新手学 采购 从入门到精通

（1）材料维持成本。材料维持成本是指为保持材料而产生的成本。材料维持成本可以分为固定成本和变动成本。

① 固定成本与采购数量无关，如仓库折旧、仓库员工的固定工资等。

② 变动成本则与采购数量有关，如材料资金的应计利息、材料的破损和变质损失、材料的保险费用等。

材料维持成本的具体项目如表17-1所示。

表17-1 材料维持成本的具体项目

序号	项目	具体说明
1	维持费用	维持费用是指存货的品质维持需要资金的投入。投入了资金就使其他需要使用资金的地方丧失了使用这笔资金的机会，如果每年其他使用这笔资金的地方的投资报酬率为20%，即每年存货资金成本为这笔资金的20%
2	搬运支出	搬运支出是指存货数量增加，则搬运和装卸的机会也增加，搬运工人与搬运设备同样增加，其搬运支出一样增加
3	仓储成本	仓储成本是指仓库的租金及仓库管理、盘点、维护设施（如保安、消防等）的费用
4	折旧及陈腐成本	折旧及陈腐成本是指存货容易发生品质变异、破损、报废、价值下跌、呆滞料的出现等，因而所丧失的费用就加大
5	其他支出	其他支出是指如存货的保险费用、其他管理费用等

（2）订购管理成本。订购管理成本是指企业为了实现一次采购而进行的各种活动的费用，如办公费、差旅费、邮资、电报电话费等支出。

具体地说，订购管理成本包括与下列活动相关的费用，如表17-2所示。

表17-2 订购管理成本的费用

序号	类别	具体费用
1	请购手续费	请购手续费是指请购所花的人工费用、事务用品费用、主管及有关部门的审查费用
2	采购成本	采购成本是指估价、询价、比价、议价、采购、通信联络、事务用品等所花的费用
3	进货验收成本	进货验收成本是指检验人员的验收手续所花费的人工费用、交通费用、检验仪器仪表费用等
4	进库成本	进库成本是指物料搬运所花费的成本
5	其他成本	其他成本是指如会计入账支付款项等所花费的成本等

（3）采购不当导致的间接成本。采购不当的间接成本是指由于采购中断或者采购过早而造成的损失，包括待料停工损失、延迟发货损失和丧失销售机会损失、商誉损失。如果损失客户，还可能为企业造成间接或长期损失。

采购不当导致的间接成本可以分为以下5种，如表17-3所示。

表17-3　采购不当导致的间接成本

序号	间接成本	具体说明
1	采购过早及其管理成本	采购过早及其管理成本是指过早的采购会导致企业在物料管理费用上的增加，比如用于管理的人工费用、库存费用、搬运费用等。一旦订单取消，过早采购的物料容易形成呆滞料
2	安全存货及其成本	安全存货及其成本是指许多企业都会考虑保持一定数量的安全存货，即缓冲存货，以防在需求或提前期方面的不确定性。但是困难在于确定何时需要及保持多少安全存货，因为存货太多意味着多余的库存；而安全存货不足则意味着断料、缺货或失销
3	延期交货及其成本	延期交货可以有两种形式：缺货可以在下次规则订货中得到补充；利用快速运送延期交货 （1）在前一种形式下，如果客户愿意等到下一个周期交货，那么企业实际上没有什么损失；但如果经常缺货，客户可能就会转向其他企业 （2）利用快速运送延期交货，则会产生特殊订单处理和送货费用。而此费用相对于规则补充的普通处理费用要高
4	失销成本	失销成本是指一些客户可以允许延期交货，但仍有一些客户会转向其他企业。在这种情况下，缺货导致失销。对于企业的直接损失是这种货物的利润损失。除了利润的损失，还应该包括当初负责这笔业务的销售人员的人力、精力浪费，这就是机会损失，而且也很难确定一些情况下的失销总量。例如，许多客户习惯电话订货，在这种情况下，客户只是询问是否有货，而未指出要订货多少。如果这种产品没货，那么客户就不会说明需要多少，对方也就不会知道损失的总量。同时，也很难估计一次缺货对未来销售的影响
5	失去客户的成本	失去客户的成本是指由于缺货而失去客户，使客户转向另一家企业。若失去了客户，也就失去了一系列收入，这种缺货造成的损失很难估计。除了利润损失，还有由于缺货造成的信誉损失，信誉很难度量。因此在采购成本控制中常被忽略，但它对未来销售及客户经营活动却非常重要

17.1.2　采购价格成本观

在企业内部，诸多采购员认为"采购成本＝采购价格"。尽管这种观点在一些企业经营者中间不太认同，但对于采购员执行采购任务来说却有不可估量的意义。

采购价格即采购产品购入价格，采购价格是由供应商的产品制造成本与供应商的利润目标的来决定，即

采购产品购入价格＝供应商产品制造成本＋供应商的利润

（1）供应商产品制造成本。供应商产品制造成本包括供应商原料费、人工费、制造费用三部分，如表17-4所示。

表17-4　供应商产品制造成本

序号	成本构成	具体说明
1	原料费	原料费包括原料的购价、运费和仓储费用，并扣减购货折扣
2	人工费	人工费是指直接从事产品制造的工作人员，例如加工与装配人员、班组长等的费用，包括直接人工的薪资与福利
3	制造费用	制造费用是指原料费与人工费之外的一切制造成本，包括间接材料费、间接人工费、折旧、水电费用、租金、保险费、修护费等 在此应了解以下两概念 （1）间接材料指制造过程中所需的工具、夹具、模具、润滑油、洗剂、接着剂及螺丝钉等 （2）间接人工指与产品的生产并无直接关系的人员，例如各级管理人员、品管人员、维修人员及清洁人员等

（2）供应商的利润。利润即企业销售产品的收入扣除成本价格和税金以后的余额。由于供应商成本消耗是固定的，但利润目标却是灵活的。供应商的目标是尽量提高销售价格，以便使供应商的利润获得足额空间。对于采购员来说，为了降低采购的成本，目的是尽量压缩供应商利润空间。供应商利润空间成为双方的焦点，其构成如图17-2所示。

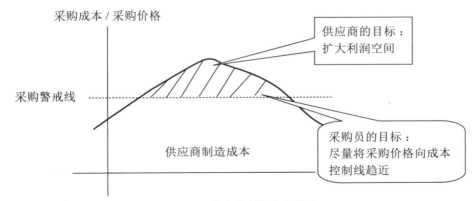

图17-2　供应商利润空间构成

17.2 采购成本分析

17.2.1 成本分析的适用情形

采购员进行成本分析时，通常下列情形最为常见。

（1）底价制定困难。

（2）无法确定供应商的报价是否合理。

（3）采购金额巨大，成本分析有助于将来的议价工作。

（4）运用标准化的成本分析表，可以提高议价的效率。

17.2.2 增进成本分析能力的途径

（1）利用采购员自己的工作经验。

（2）向厂商学习（了解他们的制程）。

（3）建立简单的制度，如成本计算公式等。

（4）养成分析成本、比价和议价的观念。

17.2.3 成本分析工作点

成本分析也就是查证前述各项资料的虚实，这包含了两项工作，如图17-3所示。

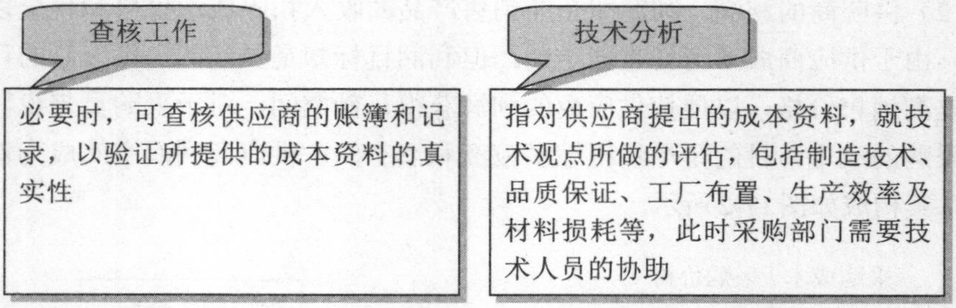

查核工作

> 必要时，可查核供应商的账簿和记录，以验证所提供的成本资料的真实性

技术分析

> 指对供应商提出的成本资料，就技术观点所做的评估，包括制造技术、品质保证、工厂布置、生产效率及材料损耗等，此时采购部门需要技术人员的协助

图17-3　成本分析的两项工作

17.2.4 成本分析工作内容

成本分析是指就供应商所提供的成本估计，逐项进行审查及评估，以求证成本的合理性与适当性。成本分析中应包括下列项目。

（1）工程或制造的方法。

（2）所需的特殊工具、设备。

（3）直接及间接材料成本。

（4）直接及间接人工成本。

（5）制造费用或外包费用。

（6）营销费及税金、利润。

总之，成本分析应包括所有各项成本细目，并且审查各细目数字是否合理，以及制造费用的分摊是否适当。最好的成本分析方式是编制一份详细的成本估计，将其与供应商所提供的成本资料逐项查对，不要完全以供应商所提供的资料为依据，以致议价效果不明显。

17.2.5 了解不同层次采购对象的价格结构

1.原材料价格结构

原材料价格结构如图17-4所示。

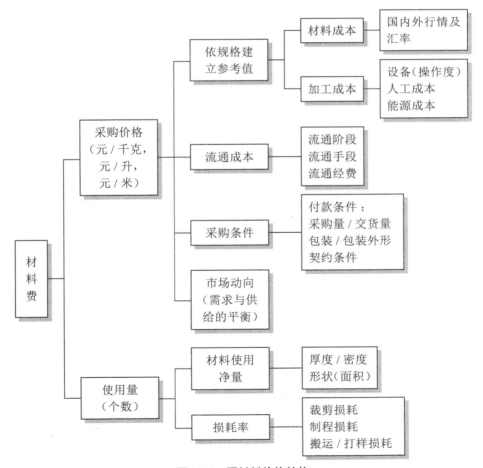

图17-4 原材料价格结构

2.专业组件类（规格品、专利品）价格结构

专业组件类（规格品、专利品）价格结构如图17-5所示。

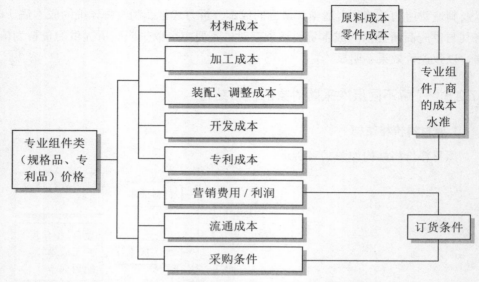

图17-5　专业组件类（规格品、专利品）价格结构

3.外托加工制品价格结构

外托加工制品价格结构如图17-6所示。

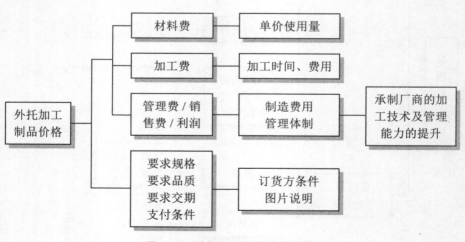

图17-6　外托加工制品价格结构

4. 市售（规格品）零件类价格结构

市售（规格品）零件类价格结构如图17-7所示。

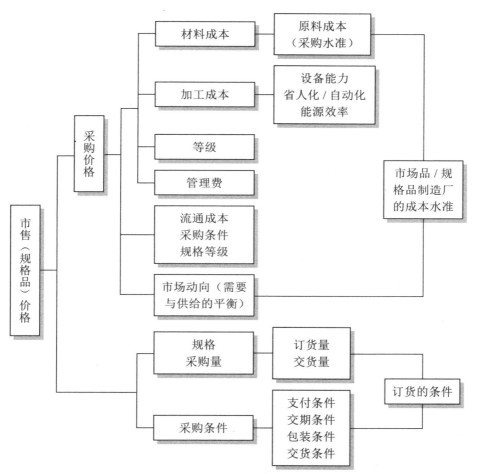

图 17-7　市售（规格品）零件类价格结构

17.3　对报价单进行价值分析

对于报价单上的内容，采购员应有分析的技巧，不可以"总价"比较，必须在相同的基础上，对原材料、人工、工具、税收、利润、交货时间、付款条件等，逐项加以剖析评断。

17.3.1　什么是价值分析

价值是指采购的产品对企业的价值，是以最低的成本，在理想的地点、时间发挥出产品的需求功能。价值工程是从这一理论出发去选择执行采购任务的。

价值理论公式为

$$V = \frac{F}{C}$$

式中　F——Function，功能重要性系数；

　　　C——Cost，成本系数；

　　　V——Value，功能价值系数。

例如：洗衣机企业在生产洗衣机配件螺栓的时候，螺栓有铁的、有铜的。其中铁螺栓的成本为0.2元，而铜螺栓的成本为0.3元，但两者的功能相同。所以从价值角度出发，在选择螺栓的时候最好选择铁螺丝。

对采购而言，价值分析的目的是，寻求成本最小化、追求价值最大化。

17.3.2　价值分析工作运作步骤

（1）选择分析对象。一般的情况是，采购产品越复杂，成本付出也就越大。因此也最值得改善。企业在选择改善对象时，应将产品的主件与配件总和按价值的高低排序，选取最值得改善的产品。

对于企业来说，选择分析对象如下。

① 采购产品数量较多的。

② 采购产品价值较大的。

③ 对企业影响较大的产品。

④ 成本消耗较多的采购品。

（2）分析产品或者服务的功能。分析产品或者服务的功能是指分析采购产品、服务的价值大小。如计算机组装制造公司选择配件的时候，分析计算机主机的功能，主机的功能对于启动计算机的功能远大于装饰功能。如果是装饰功能较重要的话，计算机内部就不会配备如此多的电路板。

分析出产品的主要功能主要是为了针对功能而选择配件，选择是否能寻找到可以替代的配件。

（3）资料收集。资料收集是指收集采购产品、采购过程的资料，主要包括采购品制造成本、品质、制造方法、产量、采购品的发展情况。

（4）提出改善方法。改善方法主要是指进行剔除、简化、变更、替代的方法。改善方法具体运用如下。

例如在采购过程中，考虑到是用人力的运输与用车的运输的价值分析。

有一种情况，两地相距不过百米，是选择用车呢？还是选择用人呢？

上面的例子用的方式就是剔除多余采购运输方法。

例如在采购过程中，采购谈判是一件常事。采购员在分析产品价值的时候，对于一件不要紧且价格低廉的配件，还需要实施采购谈判吗？通过采购价值分析可以简化采购谈判的环节。

例如在采购过程中，如果发现采购产品的质量没有达到预定要求，但并没有损害产品的功能时，是可以采购该产品的，因为它可以降低成本。比如铝风扇与塑料风扇对于电扇的功能，用塑料风扇代替铝风扇是一个降低成本的有效方法。

 **实例** ▶▶▶

华南一家大型原油冶炼公司，在采购原油上运用了采购价值理论分析。该企业有两种选择，一是选择A种油，二是使用B种油。

A种油的热值：8000千卡
单价是78美元/桶

B种油的热值：6000千卡
单价是60美元/桶

代入价值公式　　　代入价值公式

$$V=\frac{F}{C}$$　　　$$V=\frac{F}{C}$$

$$=\frac{8000}{78}$$　　　$$=\frac{6000}{60}$$

$$=102$$　　　$$=100$$

从价值公式的核算中就可以看出，购买A种油要优于购买B种油。

由于受到地理及政治的影响，原油价格出现波动。

A种油变为单价是100美元/桶，B种油的单价为71美元/桶。

代入价值公式

$$V = \frac{F}{C}$$
$$= \frac{8000}{100}$$
$$= 80$$

$$V = \frac{F}{C}$$
$$= \frac{6000}{71}$$
$$= 84$$

从价值公式的核算中可以看出，购买 B 种油要优于购买 A 种油。

企业在选用采购品时，采购品的价值就决定了采购者的采购方向。

 实例 ▶▶▶

"规模效益"被一些企业经营者津津乐道，他们认为扩大生产是增加利润的最好方法。

例如投资 10 元材料费，回收 20 元销售额。

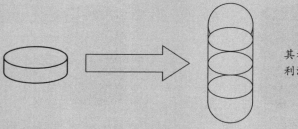

其利润为 10 元
利润为率 50%

如果投资 20 元材料费能回收 40 元吗？

答案是无法肯定的。由于销售市场存在不确定性。另外，由于原材料的增加，必然导致制造成本的增加。

如果投入的制造成本为 20 元，那么回收的 40 元销售额已经没有任何意义了。

如果投入的制造成本为 10 元，那么回收的 40 元销售额，减去 10 元的制造成本，其利润也不过 10 元而已。也就是说采购增加的 10 元投入等于无用功。

通过以上例子说明：在实施采购前，对采购品或者采购过程进行价值评估是非常重要的。

新手学

采购

从入门到精通

17.4 要慎重考虑库存水平

库存水平在某种程度上体现了采购员的水平，既不能让生产缺料，又要保持最低的库存量，这确实是一项难以应对的问题，采购员的经验表现在何处，在此一见高低。

17.4.1 库存的概念

库存是仓库中处于暂时停滞状态的物料，等待利用的物品，如货物、产品零件等。企业一般把这些物品列成一个库存数据，以提供参考及随时利用，方便快捷。

库存的概念要明确以下两点。

（1）物料所停滞的位置，不是在生产线上，不是在车间里，也不是在非仓库中的任何位置，如汽车站、火车站等类型的流通节点上，而是在仓库中。

（2）物料的停滞状态可能由任何原因引起，而不一定是某种特殊的停滞。这些原因大体包括能动的各种形态的储备、被动的各种形态的超储、完全的积压。

17.4.2 库存的观点

任何企业或多或少都有库存。即使号称"零库存"的企业，本质上也是实现精确计划库存，而不是一点物品都不储存。所以对企业而言，库存并不好，但又是必要的。

（1）产生维护费。库存本身对企业利益没有任何贡献，还会产生相关的保管费用。

（2）资金周转困难。库存会使企业高额资本（盘存资产）增多，周转更困难，从而阻碍企业的积极经营。

（3）产生呆料、废料，造成损失。不适当的库存，会因呆料、废料的产生，导致企业收益的恶化。

17.4.3 库存量多少的优缺点

如果说不准备一些库存品就无法做生意，那么接下来该思考的就是该如何维持"适量库存"才不会因为太多导致过剩、陈腐；因为太少导致缺货，造成工程停滞或客户抱怨的困扰。表17-5列举了库存量多少的优缺点，据此引申出下列结论。

表 17-5　库存多少的优缺点

现有库存过多		现有库存过少	
资金周转困难	–	资金可活用	+
库存维持费用高	–	库存维持费低	+
一次下单即可大量进货，故下单费用少	+	下单采购次数增加，下单费用也增多	–
不易缺货	+	缺货时，易造成工程停滞或客户抱怨的困扰，甚至丧失商机	–
材料、物品易有损耗变坏的疑虑	–	库存品少，有损耗、变差的情形	+
库存材料、物品较陈旧，无法提供给客户最新物品	–	任何时候都可以提供最新的物品给客户	+
材料、物品的汰旧换新效率低	–	汰旧换新效率高	+
需要大量空间	–	保管空间小	+
出货时，材料、物品的甄别，耗时、费力	–	不需耗时、费力加以管理	+
需借助材料处理机器及保管设备来管理，故费用高	–	材料处理机器及保管设备无须花费太多	+
需要众多的人员来保管、作业	–	少数人员即可保管、作业	+

注：缺点用"–"表示，优点用"+"表示。

（1）现有库存量与其过多不如少一点比较妥当。

（2）思考如何将现有库存量过少的缺点（–）改善为优点（+）。例如，常备材料、固定物品的采购，可依年度或定期的采购计划，一次下单，分批进料，便可改善成为优点。

（3）关于另一项缺点——"缺货"，可使用重点管理法（ABC分类管理法），重要度高的物品优先进料，尽量避免缺货。

17.4.4　库存控制的作用

库存控制的作用主要是在保证企业生产、经营需求的前提下，使库存量经常保持在合理的水平上；掌握库存量动态，适时、适量提出订货，避免超储或缺货；减少库存空间占用，降低库存总费用；控制库存资金占用，加速资金周转。其作用如图17-8所示。

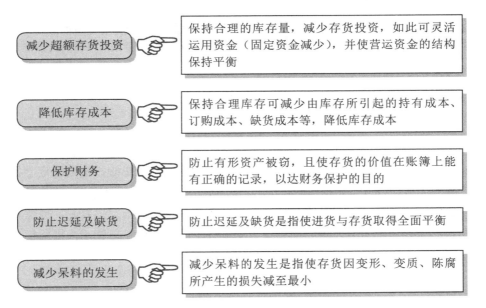

图17-8　库存控制的作用

前三者属于财务合理化的范畴，而后两者则属于作业合理化的范畴。

17.4.5　库存控制的关键问题

（1）何时必须补充存货——订购点的问题。所谓订购点，为存量降至某一数量时，应即刻请购补充的点或界限。一旦订购点抓得过早，则将使存货增加，相对增加了货品的在库成本及空间占用成本。倘若订购点抓得太晚，则将造成缺货，甚至流失客户、影响信誉。因而订购点的掌握非常重要。

（2）必须补充多少存货——订购量的问题。所谓订购量，为存量已达请购点时，决定请购补充的数量，按此数量请购，方能配合最高存量与最低存量的基准。一旦订购量过多，则货品的在库成本增加，若订购量太少，货品可能有供应间断之虞，且订购次数必增加，也提高了订购成本。

（3）应维持多少存货——存量基准的问题。存量基准包括最低存量与最高存量，如图17-9所示。

最高存量

为防存货过多浪费资金，各种货品均应限定其可能的最高存量，也就是货品库存数量的最高界限，以作为内部警戒的一个指标

最低存量

最低存量是指管理者在衡量企业本身特性、要求后，所制定货品库存数量应予维持的最低界限

图 17-9　最低存量与最高存量

因而对一个不容易准确预测也不容易控制库存的物流中心，最好制定"各品项的库存上限及库存下限"（库存上限即最高存量，库存下限则是实际最低存量），并在计算机中设定，一旦计算机发现库存低于库存下限，则发出警示，提醒管理人员准备采购；而一旦发现物品存量大于库存上限，也要发出警示，提醒管理人员存货过多，要加强销售，或举行其他促销折扣活动。

第 18 章

提升采购质量

18.1 适当品质的观念

一名优秀的采购员，应该是精明的商人和合格的品质管理人员这样一个双重的角色。因为一方面，采购员要以最便宜的价格购买到企业生产所需要的最佳品质的物料；另一方面，采购员要不断地去推动那些长期合作的供应商们去完善其品质管理体系，来提供质量更加稳定的物料。

采购的物料因为品质方面的原因，对企业的影响往往是致命的，如表18-1所示。

表18-1　物料因为品质而对企业的影响

序号	影响	具体说明
1	导致生产计划延误	导致生产计划延误是指由于耽误了交货时间，会降低客户对企业的信誉度，会失去更多的客户
2	返工率大大增加	返工率大大增加是指不良物料的采购，会使生产线上的产品质量受到极大的影响,误工、窝工、待修现象增多,影响了生产效率
3	检验成本增加	检验成本增加是指物料品质不良，物料的甄选、分类耗费更多的时间和精力，使得企业检验费用增加，产品成本居高不下
4	管理费用剧增	管理费用剧增是指客户投诉、产品返工、生产效率低下，这些问题都使得管理人员疲于应付，突增更大的管理成本

适当品质的物料，要具有如图18-1所示的特性。

适当性	→	适当性是指"适当的品质"，要根据产品生产的实际需要，考虑其经济与实用两方面的成本和价值
可用性	→	可用性是指在合理的时间内，可随时以合理价格获得充分的数量
经济性	→	经济性是指使采购费用继续维持在最低水平，以期达到最佳经济利益

图18-1 适当品质物料的特性

18.2 有关质量的看法

质量的传统解释是好或优良，对采购员而言，质量的定义应是符合买卖约定的要求或规格就是好的质量。所以采购员应设法了解供应商对本身商品质量的认识或了解的程度，管理制度较完善的供应商应有下列有关质量的文件，即质量合格证、商检合格证。

18.2.1 质量的表示方法

采购员应向供应商取得以上资料，以利未来的交易。所采购商品的产品执行标准有国家标准、专业（部）标准及企业标准，其中又分为强制性标准和推荐性标准。但通常在买卖的合同或订单上，质量是以下列方法的其中一种来表示的。

（1）市场上商品的等级。

（2）品牌。

（3）商业上常用的标准。

（4）物理或化学的规格。

（5）性能和规格。

（6）工程图。

（7）样品（卖方或买方）。

（8）以上的组合。

采购员在采购时应首先与供应商对商品的质量达成相互统一的质量标准，在可能的情况下，对一些产品，如大米、衣服、家纺用品、鞋类等商品，应要求供应商提供样品封存，以避免日后的纠纷或甚至法律诉讼。对于瑕疵品或在仓储运输过程损坏的商品，采购员在采购时应要求退货或退款。

18.2.2 运用规格来表示品质

品质要从抽象的价值变成具体的形式，必须以规格表达。规格就是买方将采购产品的要求品质及一切条件告知卖方（供应者）的文书说明，也是验收时能否予以接收的依据。从技术层面看，规格可分为主要规格与次要规格两类。

（1）主要规格。主要规格是指形式、吨位、性能、成分、用途、纯度、韧性、拉断力以及其他足以影响使用的规范，如表18-2所示。

表18-2 物资器材的主要规格举例

序号	物资器材项目	一般主要规格概述
1	农林、渔牧、狩猎产品	成分、用途、季节、厚度、硬度、个体大小
2	煤、矿砂、石油、煤气、土石沙砾、粗盐	用途、成分、块粒大小
3	食品、饮料、烟类	等级、成分、用途
4	纺织、皮革、木材制品	股数、经纬纱数、原料、加工方式及程度，成品的单位质量、厚度、尺码大小、用途、色泽
5	非金属矿产品	密度、可燃性、闪光点、纯度、用途、加工方式及程度、厚度、尺码大小
6	化学品	成分、纯度、外表形状、质量、粉状粗细、等级、颜色、用途、生产方法、反应时间
7	基本金属	含碳量、合金的相对成分、开头长度、厚度、内径、镀锌、涂漆、用途、冷轧或热轧、加工方式及程度、单位质量、拉力、用途规范标准
8	一般金属制品	原料、用途、尺码大小、外形
9	机械设备	用途、产量、形式、操作方式、动力、吨位、马力耗电量、主要部分的构造
10	仪器	用途、精密度、形式、操作方式及限度、构造

（2）次要规格。次要规格是指品牌及形式等的补充说明，如不参加比价的零件项目及单价、其他与使用者无关的项目等。

18.2.3 产品瑕疵

产品瑕疵是指供应商交付的产品未达到法定的质量标准以及约定的技术要求，未能出现采购方所期望的质量状况，从而使采购方不能按计划使用产品。在产品

第18章 提升采购质量

质量法中规定了三种情形。

（1）不具备产品应当具备的使用性能而事先未作说明。

（2）不符合在产品或其包装上注明采用的产品标准。

（3）不符合以产品说明、实物样品等方式表明的质量状况。

18.2.4　产品缺陷

产品缺陷是指产品存在危及人身健康、他人财产安全的不合理危险，或者不符合国家、行业对该产品保障人身健康、财产安全的标准而存在的不合理危险。包括设计缺陷、原材料缺陷、制造缺陷和指示缺陷，如表18-3所示。

表18-3　产品缺陷

序号	类别	说明
1	设计缺陷	设计缺陷是指由于不适当设计、产品分析、试验而形成的产品缺陷
2	原材料缺陷	原材料缺陷是指制造产品使用的原材料不符合卫生、安全标准而造成的产品缺陷，这种产品缺陷产生的危害后果，由生产者承担赔偿责任后，生产者与原材料供应者之间还可以合同违约承担相应责任
3	制造缺陷	制造缺陷是指由于产品装配不当或不符合标准造成的产品缺陷，使产品存在危及人身健康和财产安全的不合理危险
4	指示缺陷	指示缺陷是指生产者或销售者，没有提供真实完整、符合要求的产品使用说明和警示说明

18.3　品质检验

品质检验不只是生产与品管部的责任，采购部也必须恪尽职守，不仅要检视供应商是否按照规范施工，还要派驻检验员抽查供应商在制品的品质，并提供试制品以供品质检测，以及检视供应商的品质管理措施是否落实，确保采购原物料的品质没有异常状况。

采购方和供应商使用的检验方法要与所采购的产品特点及检验的成本等相联系，这样才能做到事半功倍。

18.3.1　检验的方法

常见的检验方法有以下几种，如表18-4所示。

表18-4 常见的检验方法

序号	分类方法	分类	具体说明
1	按检验实施的位置特征划分	固定检验	固定检验又称集中检验，是指在生产企业内设立固定的检验站，各工作地的产品加工以后送到检验站集中检验。固定检验站专业化水平高，检验结果比较可靠，但需要占用生产企业一定的空间，容易使生产工人对检验人员产生对立情绪或造成送检零件之间的混杂等
		流动检验	流动检验就是由检验人员直接去工作地检验，它的应用有局限性，但由于不受固定检验站的束缚，检验人员可以深入生产现场，及时了解生产过程品质动态，容易和生产工人建立相互信任的合作关系，有助于减少生产企业内在制品的占用
2	按检验的数量特征划分	全数检验	全数检验是指对待检产品100%地逐一进行检验，又称100%检验或全面检验。全数检验常用于下列范围 （1）对后续工序影响较大的项目 （2）精度要求较高的产品或零部件 （3）品质不太稳定的工序 （4）需要对不合格交验批进行100%重检
		抽样检验	抽样检验是按照数理统计原理预先设计的抽样方案，从待检总体中抽取一个随机样本，对样本中每一个体逐一进行检验，获得质量特性值的样本统计值，然后与相应标准比较，从而对总体做出接受或拒受的判断
3	按检验的执行人员分类	自检	自检是由作业者依据规则对自身工作进行的检验，是一种自我把关。检验的结果可用于过程控制。随着员工参与和质量意识的提高，有效的自检在质量管理中起着越来越重要的作用
		互检	互检是指作业者相互之间对对方的工作结果进行的检验，可有多种形式，如班组负责人进行检验、员工互检、下道工序对上道工序的结果进行检验等
		专检	专检是由专职检验员对产品质量进行的检验。优点是专职检验员对检验程序和方法，对符合性的准则比较熟悉，判断也更客观
4	按检验目的的特征划分	监控检验	监控检验又称过程检验，目的在于检验生产过程是否处于受控状态，以防由于系统性质量因素的出现而导致的不合格品大量出现
		验收检验	验收检验的目的是判断受检对象是否合格，从而做出接收或拒收的决定，它广泛存在于生产全过程，如外购件、原材料、外协件及配套件的进货检验，半成品的入库检验，产成品运出厂检验等

序号	分类方法	分类	具体说明
5	按检验方法的特征划分	感官检验	感官检验是依靠人的感觉器官对质量特性做出评价和判断，如对产品的形状、颜色、气味、污损、锈蚀和老化程度等，它是靠人的感觉器官来进行检查和评价的，所以判定基准不易用数值表达。而且，感官检验的结果往往依赖检验人员的经验，并有较大的波动性。感官检验在某些场合仍然是质量检验方式的一种选择和补充
		理化检验	理化检验是运用物理或化学的方法，依靠仪器、量具及设备装置等对受检品进行检验。理化检验通常测得检验项目的具体数值精度高，人为误差小，是现在检验方式的主体，并随现代科学技术的进步不断得到改进和发展
6	按检验对象检验后的状态特征划分	破坏性检验	破坏性检验是指受检物的完整性遭到破坏，不再具有原来的使用功能。如强度试验、寿命试验以及爆炸试验等都是破坏性检验。考虑到经济因素，破坏性检验只能采用抽样检验的方式
		非破坏性检验	非破坏性检验是指破坏性检验后，受检物的完整性不会遭到破坏，仍具有原来的使用功能

18.3.2 对供应商的品质检验作出规定

质量检验，在采购中的作用不言而明，双方必须成立能充分实施品质管制的组织，对于采购、制造、检验、包装、交货等作业，建立彼此相关的标准作业程序，以便双方能按照作业标准来完成合作事宜。对供应商的品质检验作业中，应包括如表18-5所示的几个阶段。

表18-5 供应商的品质检验作业阶段

序号	作业阶段	具体说明
1	进料检验	进料检验是指供应商为了提供买方所需物品而外购的材料、零件，必须实施验收；当买方想了解进货的品质时，应提供相关信息，也就是买方应追踪供应商购料的品质，以确保物品的品质水准
2	制造过程中的品质管制	制造过程中的品质管制是指买方对于供应商加工及设备的保养，标准化作业的实行及其他必要的项目实施检查，防止制造过程中发生不良产品。也就是要派驻厂检验员抽查在制品的品质及检视供应商是否按照规范施工
3	制成品出货的品质管制	制成品出货的品质管制是指采购部在供应商进行大量生产以前，可以要求供应商提供试制品供工程人员进行品质检测，供应商在制成品出货时，必须按照双方谈好的标准实施出货检验，并且要附上相关材料（如制造商的试验检查表），让品质管制达到环环相扣的境界

新手学
采购
从入门到精通

一般而言，采购部对于供应商运送来的物料，会先进行检验才可入库。然而，若事先对供应商的品质管制做得相当彻底，就可以省略此步骤而直接入库，以便节省部分人力与检验成本。当然，这种做法是建立在彼此对品质管理都非常严谨而且合作无间的基础上的。目前盛行的全面品质管理就是试图要达到这样的地步。

大部分采购部对于进货仍实施检验，在进货检验中，有以下几项重点。

（1）制定抽样检验的标准与程序，作为双方配合的依据。

（2）根据检验标准、规格、图纸，针对供应商的交货进行检验、比对，以决定合格、退回修改或退回废弃。

（3）在检验时，发现有不合格的地方，应要求供应商迅速调查原因，并报告处理对策。

18.4　供应商合约控制

采购员要做好采购品质控制，必须对与供应商签订的合约进行控制，如质量保证协议、验证方法协议等。

18.4.1　质量保证协议

采购部对执行品质管理必须有所依循，这也就是与供应商签订合作契约中的主要部分。在契约书中必须提到"质量保证协议"，这份协议主要是买卖双方为确保交货物品的品质，相互规定必须实施的事项，并根据这些事项，执行品质检验、维持与改善，对于双方的生产效率与利润均有助益。

质量保证协议包括总则、供方质量责任、需方质量责任、供方供货责任、需方责任、违约责任和其他补充条款等内容。以下提供一份质量保证协议的架构供参考：

【范本】▸▸

质量保证协议

　　需方：_____

　　供方：_____

　　本着团结协作、共同发展、责任明确、互惠互利和确保产品质量的原则，共同遵守《××公司产品质量索赔和激励管理办法》，并经双方协商达成如下补充协议。

一、产品质量

（1）产品名称、编号（或型号）。

（2）产品图纸和技术要求。

（3）包装、储运要求。

（4）交付状态要求（如合格证、标志和质量记录等）。

（5）需方对供方控制的要求。

（6）质量保证期。

（7）其他。

二、质量体系要求（按股份公司对供应商的政策）

（1）贯标要求。

（2）认证要求。

（3）需方对供方质量体系定期审核的规定。

三、产品检验

（1）检验项目（包括性能、材质项目的定期复验等）。

（2）统计抽样检验方案。

（3）检验和试验设备。

（4）其他。

四、不合格批（品）的处理

（1）退货（挑选）、返工的规定。

（2）定期和随时服务与会签的规定。

（3）其他。

五、违约责任

（1）违反协议的责任。

（2）让步降价幅度的确定。

（3）其他。

六、附则

（1）本协议经双方代表签字后，从_____年____月____日至_____年____月____日有效。

（2）本协议未尽事宜，双方可协商解决。

（3）本协议一式两份，供需双方各持一份。

需方：　　　　　　　　　　供方：

代表（签名）：　　　　　　代表（签名）：

日期：　　　　　　　　　　日期：

18.4.2　验证方法协议

采购员应与供应商就验证方法达成明确的协议，以验证是否符合要求。

18.4.3　解决争端的协议

采购员应与供应商制定有关的制度和程序，以解决供应商和本企业之间的质量争端。

18.5　认可第三方权威机构的品质验证

作为采购员，需要了解什么是第三方权威机构。第三方权威机构做品质验证的方法目前有三种。

第一种是当今流行的ISO 9000、QS 9000等独立的体系认证机构，如国内的CQC（中国质量认证中心）认证机构，国际的BSI（英国标准学会）、SGS（瑞士通用公证行）、DNV（挪威船级社）、TüV（德国技术监督协会）等认证机构，促进了国内及国际贸易。

第二种是第三方权威机构验证以确保品质，如美国某企业要从中国境内购买一批产品，因双方距离太远不一定到实地考察或验证，于是委托一个中间机构帮助验证该批产品品质，以避免产品到美国之后再协商及处理，目前在国际上做得较多的机构有SGS和TüV等。

第三种是产品单项认证，是指将产品送到指定的机构做验证，同时获得相关的证书，也可以说是"特种行业证"，如国内的3C认证、美国的UL认证、欧洲的CE认证等。

与质量有关的认证有产品认证、体系认证，其中又分国内认证、国外认证，如表18-6所示。

表18-6　与质量有关的认证

序号	认证类别	举例说明
1	产品认证	（1）CCC 产品认证 （2）CQC 自愿性产品认证 （3）农食产品认证 （4）国家推行自愿性产品认证 （5）CDM 审定与核查 （6）CB 认证 （7）CE 认证
2	体系认证	（1）ISO 9001 认证 （2）ISO 14001 认证 （3）OHSAS 18001 认证 （4）HACCP 认证 （5）IQNET 认证 （6）ISO 13485 认证 （7）SA 8000 认证 （8）ISO 10015 认证 （9）ISO/TS 16949 认证 （10）能源管理体系认证 （11）BSCI 验厂审核

第 ⑲ 章

采购价格降低策略

19.1　供应商变动成本策略

利用变动成本采购策略，就是将供应商的固定成本部分除去，只计算变动成本及对方应得的利润来订立合同。

19.1.1　了解供应商的成本情况

生产型企业的经营活动都是开始时制订经营计划，然后是具体的生产计划，紧接着是设备和原材料的购置计划，开始安装设备，调试生产线，最后生产活动进入实际运作阶段。

当然，不同的企业，其流程和程序是不同的，实际的生产过程常常也无法完全按照原定计划顺利进行。会随着市场的需求，不断调整生产计划。这时，采购人员要站在供应商的立场来考虑所要签订的采购计划，如果供应商不会因该项采购合同，而购置新机器或建设新厂房时，那么他们的固定费用早已产生，因此在进行采购交易时，只需要考虑变动成本即可。这些要考虑的变动成本包括材料费、劳务费、水电费、燃料费、其他间接材料费，以及合理利润。

19.1.2　进行谈判

一旦选择的供应商在物料的品质、性能、数量上都没什么问题，剩下来的就是价格谈判了。

谈判时首先要让供应商明白，供应商并没有因为该项订单而增加固定成本，也就是供应商没有为生产此类产品添置设备、厂房和模具等，那么就可以把物料价格核算的重点放在变动成本和该得的利润来成交这笔生意。

以"变动成本＋利润"的策略来签订采购合同，并不会对供应商形成太大的压力，而影响他们按时、保质交货。

比如一个供应商正常生产量为设计量的70%，当前的生产量仅为50%，如果以20%的变动成本来订立合同，对于开工不足，还要付给员工工资的企业而言，除去变动成本的开销外，此时厂家所收利润的部分甚至还可以充抵固定成本的一部分。因此，与其使生产量停止在50%，反不如接受增加20%的变动成本及利润部分的采购。

19.1.3　注意事项

对于供应商而言，为了能应对一时的不景气，有时也不得不接受这种只计算变动成本的方式进行交易。

但是，这类采购受市场经济环境的影响，一旦经济环境好转，供应商的订单增多，他就会改变供货方式，所以，只是一种临时性的采购。

因此，采购员要善于捕捉和发现处于此类困境的供应商，从他们手中订购更多的低价物料产品。

（1）市场供大于求、经济疲软时根据需要订购。

（2）供应商有强烈推销采购意向。

19.2　互买优惠采购策略

在互买优惠采购中，买卖双方既是供应商又是购买方，具有双重身份。因此在自己购买了对方产品的同时，也希望自己的产品能被对方所采购，于是互惠互利的结果，促成了互买优惠采购的关系。

采购员想要有效达成互买采购业务，首先必须对本企业的业务范围有清楚的认识，这样才能有效地加以运用，同时给企业的营销部门提供有效的援助。

为了确定灵活运用互买采购的策略，采购员不能以为只是经营策略而敷衍了事，更不能主观以为只要是互买采购，就一定划算。必须在相互购买的基础上进行认真、仔细的成本分析，以企业整体成本的降低为目的。

19.2.1　互买采购的优缺点

一般来说，互买采购的优缺点如表19-1所示。

表19-1　互买采购的优缺点

序号	类别	具体说明
1	优点	（1）能准确估计各自的销售量 （2）采购与营销能获得良好的经济平衡 （3）可以降低运输成本 （4）能有效防止呆账的发生 （5）减少销售及广告的费用

序号	类别	具体说明
2	缺点	（1）无法自由选择供应商和产品 （2）单价有时会偏高 （3）会产生对某一类产品的依赖性，有时会把握不住供应商或产品转换的时机 （4）有时会因产品品质、效率、价格、服务等引起双方的不满

19.2.2　互买采购的正确运用

互买采购方法的正确运用，全在于利弊权衡和灵活操作，同时根据实际情况采取相应的对策和改进的方法。

（1）供应商和产品选择。在互买采购中，选择能够满足适当的品质、要求的交货期、便宜的价格的供应商即可。那些以为是相互购买就不加区别地订购是不明智的做法。互买采购和采购其他物料一样，应该寻找适当的品质、良好的服务及价格便宜的市场。所以采购员一定要经常依据采购的基本原则灵活运用、货比多家后再做决定。

（2）把握控制总成本目标　互买采购常常会遇到以下不利因素。

① 互买采购比原来单向采购的价格超出很多。

② 互买采购因某种原因价格提高。

出现这种情况时，如果确实有相互购买的必要，采购员则努力去交涉，要以总体成本得到抑减为目标，否则应该考虑放弃互买采购。

（3）把握转换供应商或产品的有利时机。由于感情方面的因素，采购方会对某一类产品或某个供应商产生依赖性，即便已经因产品品质、价格、服务等引起双方的不满。因此，采购员要善于把握转换供应商或产品的有利时机，如有新的供应商或产品，价格要优惠得多，此时或者放弃老供应商或老产品，转向新的供应商的合作，或者借此契机，调整老供应商的供货价格，或者改变原先的服务范围。

> **温馨提示**
>
> 为避免这种情况发生，有必要在和供应商初期合作时，就订购数量、合作的有效期、互买采购违约的处罚和对策等做明确的约定。

在选择供应商前，采购员做一下相应的评估计算还是很有必要的。只有通过经济计算，确认有利之后才开始进行互买采购。此后，采购员不断地加以检查，一旦实际情况偏离预估方向时，应及时地采取应对措施。

实例 ▶▶▶

下面以某加工企业生产零件为例，介绍因产品单价变化后经济计算的方法。

已知：

月销售额 =200000 元

广告费支出比率 =0.23%

步骤一：计算购入损失。

（1）单价差异

原购价　　　15 元/个

新购价　　　15.2 元/个

差额　　　　0.2 元/个

（2）月新增损失

15 元/个 ×15000 个 =225000 元

15.2 元/个 ×15000 个 =228000 元

每月损失：3000 元···A

步骤二：计算呆账损失减少额。

原呆账比率　　　　　0.3%

每月的销售额　　　　200000×0.3%=600（元）·······································B

步骤三：计算月广告费用减少额。

200000 元 ×0.23%=460（元）··C

步骤四：计算利息。

计算期从购货付款到销货收回货款的期间，假定为120天，利息以每日2.5厘计算。

0.00025×228000×120=6840（元）···D

步骤五：因互买采购而引起的损益计算为 $A-（B+C）\pm D$。

代入上列方程式为

$$3000 元 -（600 元 +460 元）-6840 元 =-4900 元$$

由上例损益计算可以知道，虽然零件价格上涨，但由于采用了互买采购，实际的经济计算结果每月仍然有4900元的利润。

经济计算的结果对互买采购具有一定的指导意义，采购员应该能把握一些互买采购科学的评价方法，并在营销部门、财务部门的通力合作下，以降低整体成本为目标，才是互买采购优惠策略的最好利用。

（4）做好详细记录。在互买采购过程，采购员要对双方的订购记录、销售记录、品管记录、交货期限做详细的记录，并随时对这些资料进行整理分析。在可能出现不利情况前，就及时采取变动成本采购策略或要求对方降价等方法，以互买采购双赢为目标。

19.3　改善采购路径策略

采购路径是指原材料从制造商到采购商的物流通路。采购方在采购前，应该了解生产所需的物料由什么样的工厂生产，经过什么样的路径才流通到自己手中等。

很多企业，在可能的情况下都直接与生产厂商交易，以减少中间环节的盘剥，从而带来直接的经济效益，但有时也可以利用流通环节来降低采购成本。例如标准件、规格品以及一些专门的特殊品，则适合由经销代理店或特约店来进行交易。在利用带有中间环节的流通路径时，可以依照下列几点原则进行处理。

19.3.1　标准件订购

像螺栓、螺母、垫圈等这些标准的紧固件，可以由专门的经销商根据市场销售情况，向生产厂商订购，并加以储存和销售，价格相对也比较便宜。对于一些不常用的、特殊的标准件、规格品，这些供应商也能随时供应。

19.3.2　偏远物料订购

有些物料生产商地处偏远地区，或者企业远离供应区域，直接购买会受交通费用、运费、通信费等诸多不利因素的影响，这种情况下应该利用中间商去代为采购。

19.3.3　特殊品的订购

新规格产品、特殊用途产品，往往用量不大，却很急用，此时以通过中间商预定为宜。即使某些产品已在市场上公开销售，但有时仍难以直接订购。像这种特殊品如能通过中间商来订购，则在交货期、品质、价格方面都是有利的。

19.3.4　少量订购

批量很小的物料采购，无论是对供应商还是中间商来说，均处于弱势地位，因此要多次电话催促，甚至还要采购员亲自上门拿取，这样就发生很多的额外费用。此时还是向中间商订购为好。对于那些数量虽小，却是持续不断需要的产品，还是直接向生产者购买为宜。

19.4　了解对方意图策略

了解对方意图策略，就是设法了解供应商的生产、销售、订单、存货等方面的信息，特别是要注意搜集供应商因订单减少，急于寻找新的采购商和新的订单的情况，因为这时是进行采购的洽谈、要求降价的最佳时机。

19.4.1　了解供应商真实情况应考虑的因素

采购员应该如何去了解供应商的真实情况，通常可以考虑下列因素。
（1）生产效率降低、希望提高生产率。
（2）产量不足、效益下降，急于扩展业务渠道、增加订货量。
（3）库存积压，打算盘点出售，以回笼流动资金。
（4）急于寻找资金雄厚的采购商。
（5）开发新品，急于低价出售老产品。
（6）完成年度销售任务，即便利润低些也愿意成交。
以上所述，也许是诸多原因之一部分，但出现任何一个情况，对采购方来说，都是一个好的消息，采购员应该及时把握商机，主动出击。

19.4.2　采用此策略的注意事项

在订立采购合同之前，采购员除了要对交货期、品质、价格三个条件进行核查外，还应该对诸如上述原因之外的因素多加考虑。因为供应商或许会考虑他们的"战术"而暂时做赔本买卖，特别是新建立合作的供应商，他们会竭尽全力在其他方面把损失的利润"夺回"。如果被眼前的局部利益所诱惑，或在价格上不加分析，就会适得其反，经过一番努力采购得来的产品，最后核算，反而价格更高，所以供应商意图策略必须慎重采用。

19.5　价格核算策略

企业对产品价格的计算通常有两种方法，一种是概略计算方法，又称估算；另外一种为成本计算。
例如，一些铸造厂也常常使用估算法计价，他们对铸造产品往往是以重量为计算基准，而不大考虑铸件的形状。但实际上，铸件中空部分少其重量大，中空部分多其重量轻，不同情况单价不应相同才对。

又如电焊作业，常以焊接长度计价。其实焊接的作业条件也是不同的，例如焊接角度、焊缝高度、高空作业、地下作业等，作业条件不同，价格也是不一样的。

产品价格应该包括材料成本、加工成本等，如图19-1所示。

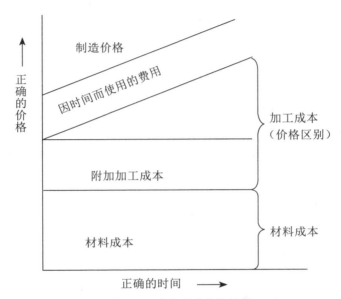

图19-1　产品制造价格计算

当供应商的产品价格计算是采用估算法时，采购员可以采用"针锋相对"的价格核算方法来进行采购。同样以铸件生产来说，对那些热衷估算法计价的企业，尽量采购那些重量轻、模具多、加工比较难的产品，这样的产品用估算法计价，采购方可以获得很大的利润空间，以很便宜的价格购得所需物品。

以焊接作业为例，对于那些焊接时间长、焊条耗量大的零件，或需在高处作业，或需在罐中作业，或焊缝宽度大的零件等，同样的还是以焊缝长度计价，采购方就可以廉价采购了。

19.6　困境采购策略

困境采购策略，就是要在供应商受经济景气变动和产品供求平衡变化的时候，不失时机地加以巧妙利用，使采购的产品价格大幅度下降。

利用困境采购策略进行采购，可分下列两类情况。

19.6.1 企业生产必需品的采购

经济环境的好坏对企业来说，最受影响的恐怕是生产率或者开工率两项指标。开工率不足，人员和设备空闲，投入的资本回收困难，加上市场疲软，供大于求，企业为了尽快摆脱困境，一定会通过降价来争取更多的订单。

采购员如能及时捕捉到此类信息，找到正遭不景气而可进行交易的供应商，在此时订购自己所需的材料、零件或制品时，较易得到好的效果，不但先前讲的变动成本采购或固定成本削减策略可以成功运用之外，还能帮助供应商度过困境，这种困境采购是种双赢的局面。

19.6.2 预测未来所需的采购

通过对生产所需的材料、零件或制品的需要动向、经济发展趋势等加以分析考虑，可以预见价格将会上涨，此时如能多买一些来存放，或将必要的直接材料购入并且加以调配，是压低材料成本的方法之一。对企业整体来说也是较为有利的。

但这种采购是有前提条件的，例如资金比较宽松，且这些购入的材料不会因代替品的出现、技术的革新等而变成呆料或废料。

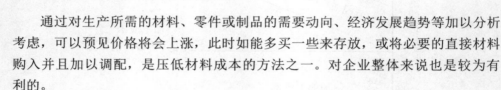

19.7 统一订购策略

19.7.1 什么是统一订购策略

统一订购策略，是指统一订制、统一购买的交易方式。采用统一订购，供应商一般都有让利减价的惯例，因此采购员应尽可能统一订购企业生产所需要的物料，随时注意有利的采购品减价的信息。至于是采用一次订购还是分批订购，要视订购的经济性分析而定。

19.7.2 统一订购的优点

统一订购的优点如下。

（1）降低采购费用。

（2）采购单价便宜。统一购买，供应商会提供价格优惠，使得物料的价格便宜。同时，采购准备的时间和费用减少，工作效率提高。

（3）间接费用减少。物料采购所负担的间接费用包括订金、运输费、搬运费、质检费等，采购的数量越多，平摊到每一件物品的采购费就大大减少。

19.8 共同订货策略

19.8.1 什么是共同订购策略

   共同订货策略就是把不同的企业联合起来，把若干相同的零件统一起来，然后向专门制造此零件的厂商订货。由于是大批量订货，供应商可以批量生产，于是可以给联合采购商更多的价格优惠，加上设计的标准化，可以共同利用行业联合的优势，这样对买卖双力都十分有利，而且还能够建立起与外国同类产品竞争的优势地位。

19.8.2 共同订货策略的优点

   共同订货并非只是用于同行业之间，只要产品条件可以协调都可积极地与其他行业协作合作，推行共同订货策略。

   （1）材料价格可以随着采购批量的不同有很大变化，根据联合采购企业的不同情况，汇集成大量采购。

   （2）在不同的企业间，把部分同类零件标准化，转换成大量采购。

   （3）共同利用人力工资低的地区，或开工率不足的机器来制造产品，以进一步降低采购价。

   （4）共同利用搬运工具及仓库等而减少费用。

第 20 章

铺就职业成长之路

20.1　采购员的提升路径

一个采购员无论级别多高，归根结底都是采购员。采购员的工作任务有三个方面：物料供应、库存水平控制和成本控制。一个优秀的采购员能够以市面上最低的价格保质保量并准时地将物料交付到公司。优秀采购员主要考核的指标就是交货期、最小订量和价格。这三个指标的控制水平直接反映了一个采购员的职业水平，一个采购员往往需要几年或者更长的时间才能够成为一个合格的采购员；其中比较优秀和全面的采购员将有机会得到提升，担任采购经理，甚至采购总监。

随着技术的飞快进步和商业环境的快速变化，企业和供应商的关系在不断调整，传统的供应关系迅速发生改变，采购员被要求了解更多的技术信息和市场行情的变化，其对公司的影响也越来越大。

在欧美的大部分企业中，采购员被分为两种：Buyer（买主、跟单）和Sourcer（采购开发者）。前者主要从事传统的工作，包括需求与订单的处理、交货期的控制，称为Purchasing（采购）；后者更多侧重于市场上技术和成本的变化，负责供应商控制、评估和开发，称为Sourcing（获取）。在实际的工作当中，Buyer和Sourcer的工作常常无法完全区分开来，部分中小规模的企业常常按照采购物料的种类，把近似物料的Purchasing和Sourcing划归同一人管理。

从职业发展的角度来看，从事Sourcing工作是每一个想晋升为采购经理的采购员必须要做的；可以说，Sourcing是采购的核心，是采购员必须练就和提高的能力，也是商业和技术的发展对采购员提出的要求和挑战。优秀的采购员必须要同时熟悉商业规则和工程技术的发展现状，是合格的工程师，更是优秀的商人。从这个标准来看，目前很多采购员都需要更多的提高。

20.2　企业中采购职能的层次

在企业中采购职能可分为三个层次：战略层次、战术层次和运作层次。

20.2.1　战略层次

战略层次是指那些影响到企业长远发展及市场定位的有关采购决策，这些决策一般跨度为3～5年，决策最终来自企业的最高管理层，在岗位上与采购经理及战略采购相对应，其主要职责如下。

（1）制定、发布采购方针政策、管理运作程序与指南以及工作职务描述，为采购部门提供相应的权力。

（2）对采购运作及表现进行审核以衡量采购绩效并促使采购不断改进。

（3）主要投资决策如厂房、设备、信息技术等。

（4）主要零部件自制或外协决策。

（5）供应市场定位及供应体系定位。

（6）供应商关系定位。

（7）供应商合作决策，如是否向供应商投资、是否与供应商共同开发等。

（8）集团内部供应商的内部价位决策等。

20.2.2　战术层次

战术层次是指在战略采购的前提指导下，采购中涉及产品、工艺、质量及具体供应商选择等相关的决策。它对企业中期运作和发展产生影响（影响跨度一般为1～3年），要求企业内部相关的职能单位或部门，如工程、开发、生产制造、企划、品质及采购之间密切配合、相互合作。

（1）对供应商进行审核、选择及认可。

（2）确定同供应商合作的协议，订立采购合同或年度改进目标协议等。

（3）制订供应商改进计划或采购改进项目。

（4）制定实施供应商考评、考核、奖励措施。

（5）实施供应体系优化（Supplier Base Optimization）。

（6）实施同供应商共同开发产品或工艺等合作项目。

20.2.3　运作层次

运作层次对应着采购过程中的后期采购，主要是执行开单下单、跟进交货、付款及相关的事宜，主要包括以下内容。

（1）按采购供应合同与协议及生产计划、物料需求计划的需要下订单、签单、落单。

（2）跟进供应商的交货及周转包装材料的使用。

（3）衔接收验货过程、按有关规定及决策处理安排不合格材料的退货等。

（4）跟进供应商表现、告知供应商有关考评结果促其改进等。

（5）跟进发票及借款等事宜。

以上三个采购职能同相关职能单位之间的关系如表20-1所示。

表20-1　三个采购职能同相关职能单位之间的关系

职责层次	管理层次				
	最高管理层	企划等部门	采购部门经理	采购员	采购助理/物料员
战略层	√	√	√		
战术层		√	√	√	
运作层				√	▲

20.3　不断学习提升自己

前面讲到采购员的晋升路径及采购职能层次，作为采购员的你，现在达到什么程度了呢？究竟处于什么层次呢？如果你规划你的职业生涯是做采购，那就有必要有步骤地达到自己的目的，而不断地学习是通往成功的最佳途径。以下提供一个优秀的采购员所必须掌握的知识及程序（表20-2），供大家平时参考。

表20-2　优秀采购员需不断学习的知识

项目	定义	基本要求	专业要求	高水平要求
分析技巧	指运用逻辑思维系统地对有关信息进行定性和定量的分析，对相关事件加以概括归纳，找出其中的内在联系	能从不同的零散信息中发现基本联系，能将有关的问题具体分解成详细内容，能从事态的发展趋势中估计到可能发生的情况，分析问题时能看到有用的细节	能从不同的事件中看出共性，能系统地将复杂工作分解成可操作、可控制的具体任务，能利用工具或模型来概括一个过程或描述一系列事件，对新事物能很快接受并理解，能看到事件当中不明显的内在联系	理解分析问题时能创造性地运用新方法与新概念，能分析出影响到经营业绩的主要问题，不盲从别人对问题的看法并能提出自己的见解，能准确评价企业的复杂情况，公正裁决经营中的相关问题
逻辑思维	指从不同的事件或零散的信息中找出其相互关系及整体趋势，并概括成模型或结构，用于描述事件的基本性质或典型特征	能将不同信息联系起来、按经验或常识分析问题，能通过经验比较看到不同事件的差异及共性，看到其趋势	根据自己的经验与学识能看到别人注意不到的问题或情况，并将看似无关的信息联系起来分析整个事态，能分析出不同事态发展的趋势以及其间的相互关系，能将看到的问题、情况简要概括地表达出来，能在复杂情况下看出关键问题	能将内外部不同情况所隐含的内容同公司的整体情况联系起来分析事件的基本性质，对复杂情况或问题能用公式或模型加以概括说明，对特定事件能用不同的假设或分析来解释

项目	定义	基本要求	专业要求	高水平要求
决策能力	指能适时地对有关情况做出可信的决定，并能将决定贯彻落实下去	能正确理解决定的含义、评价决定的正确与否，并按既定思路执行决议	能判断是否需要其他人参与决策，在决策前会考虑是否有风险并征求必要的建议，决策后能跟进并确保决策实施，决策同企业的目标一致	鼓励企业不同层次的人员共同参与相关的决策，决策同当前与将来企业的目标一致，决策前能充分听取专家意见，战略决策能统筹全局、着眼未来
成就感与恒心	指能按时按量完成计划与任务，能表现出高质量的工作方法并用绩效指标来衡量工作成就	能有效地利用时间，按要求高质量地完成本职工作，自我要求严于目标要求，未完成任务时会加倍努力	会优先安排时间与精力完成紧要任务，高标准、信心百倍地追求短期目标，持之以恒地高标准要求自己，并不断改进自己及下属的效率与效果	能防范企业的风险、衡量事情的得失、不断追求企业家的作风，能合理安排工作的轻重缓急以不断提高水平，能全面理解企业目标同企业功能的内在联系
个人魅力	指在个人生活及工作压力下能维护自身形象、理智地与他人共事，能认识自己的短处、适应新环境	清楚地表达自己的观点而不人云亦云，能计划及安排自己的工作，目标改变时会适时调整计划	能有自己的主见并独立工作，不盲从他人，敢于接受挑战	具有专家的自信，能处理任何复杂问题，具有战略思想，能准确地把握机遇，敢于有把握地冒险
灵活性	指能以积极的态度很快地调整自己以适应新的形势	能意识并接受改变，能认识到"失败是成功之母"，在事情的变化过程中态度积极	能不断调整、不断改进，能迅速、有效地对事情变化做出反应，能主动出击并争取事态变化的最好效果，能从战略高度适应变化	能帮助别人适应变化并能改变他人，能从其他单位学到东西并纳入自己的战略
合作精神	指能以积极的态度与别人共事并将自己融为整体或团队的一部分，创造出一种团结友好的气氛与环境	认识到自己是集体的一分子，理解团队中他人的需要，互帮互助，团结合作	能鼓励团队成员勇于负责、团结合作、发挥集体精神和贡献，能妥善处理集体中的矛盾与分歧，能在团队中起到代表与带头作用，能注重集体利益和目标，将其放在首位并带领大家共同努力、完成工作	发动或建立起团队精神与合作意识，以保证跨部门、跨职能的工作顺利进行，能赋予集体或团队以相应的责、权、利，表彰他们的工作成绩

第20章　铺就职业成长之路

项目	定义	基本要求	专业要求	高水平要求
人员管理	指创造一种好学上进的环境，不断提高人员素质，使大家能满腔热情地投入工作，不畏艰难、不断改进	能帮助和鼓励其他成员不断进步，能指导他们熟悉业务，能与他们一起热情工作，共同分享他人与自己的成就，能平息同事间的纠纷与矛盾	能以身作则起到模范带头作用，能认识集体与个人的长处并加以引导，能建设性地帮助他人发扬优点、克服缺点，能向大家说明工作的思路与方向，使大家工作愉快，能鼓励大家在各自的职权范围内勇于决策	敢于让下属承担自己的责任并帮助他们发展，能发起制定员工职业发展规划，提出与企业发展相关的采购人力资源需求，组织对员工的培训，建立并维护员工的士气，能主动检查管理层的工作作风，创造并形成健康有益的企业文化
沟通交流技巧	运用语言等方法让别人准确地理解自己的思路，并有效地影响别人	知道说什么、给谁说、何时说，能遵守保密规则，能简明扼要地书写报告，能广泛利用各种沟通途径进行交流，能坚持原则	能花适当的时间与相关的人员和部门进行必要的交流沟通，并对别人和自己的交流进行检讨，制定相应的汇报交流渠道与方法，采取双向交流的方式让下属清楚自己的要求，创造生动活泼的会议或交谈气氛	按需要组织对员工的沟通技巧培训，在本单位建立良好的沟通机制，建立本单位对内和对外的交流策略，将交流与沟通纳入本单位的整体战略予以实施
事业头脑	对工作与事业有投入感、进取心，有强烈的"顾客至上"的理念	能经济地使用各种资源，确保有关规定的贯彻执行，能激励下属为本单位树立良好形象，能不失时机地提升下属，能清楚地知道本单位工作范围内的事业需求	能抓住本职范围内影响事业的重点，引导供应商及本部人员与内部顾客遵循战略方向，能把握事业发展的机遇	能意识到事业发展趋势、内外顾客的需求、市场的定向、市场与产品的定位，能运用自己的知识来影响决策，使决策符合预定的目标，带头分析事业的环境并制定事业发展的战略方向
战略思维	能放开思路，将事业置于不断变化的环境中，考虑将来的需求及目前的状况，制定长远目标（时间跨度为3～5年）和策略	能将日常工作串起来看到将来的趋势，能在本职责范围内制订一系列行动计划去完成长远的目标，并确保短期目标满足长远目标的需要	能不断地探求更好的方法去满足内外顾客的需要，针对企业或部门的长远目标能制订相应的行动计划，能制定出本部门的战略规划并组织实施，保证本部门的方针战略同企业的目标一致	能提出长远目标、方针与战略以及实现长期目标的方法，需要时能适时地重新设计架构，以便更好地实现远期目标

新手学 采购 从入门到精通

项目	定义	基本要求	专业要求	高水平要求
市场意识	指能了解供应市场的特点，以供应市场为基础制定采购方针战略，使得相应的经营决策能充分考虑供应商的能力与知识	经常引进新的供应商，通过供应商访问或交流等方式系统地收集供应市场的情况并同其他人分享供应市场信息	坚持不懈地发掘新的供应市场并预测供应市场的发展，能应用市场调研技巧，利用相关的信息资源分析供应市场的特点，捕捉商机，能适时地将市场信息用到采购上并在产品或工艺开发过程中充分利用供应市场的技术	能设计必要的工具去获取市场信息并训练相关的人员熟练掌握信息工具，以市场知识为基础制定采购方针与策略，并在企业范围内按市场要求组织采购工作
供应商关系处理	按采购目标建立相应的供应商关系，改进供应商的表现，开发利用供应商的能力	了解供应商的情况，正确使用供应商竞争机制，跟进供应商的实际表现	主动改进供应商，使供应商以为本企业配套为荣，发展与供应商的合作关系	在战略意义上系统、主动地管理好供应体系，保证员工能建设性地处理好同供应商的关系，影响供应商定向投资开发，发展中长期的供应商伙伴关系，制造"双赢"局面
技术头脑	指从技术角度不断更新知识，预见未来事业的需要，对新产品开发提供技术建议或意见	喜欢技术问题并能通过专业人员了解技术知识的要点，能通过一定的途径与新技术保持接触，需要技术支持时知道如何获取	能将技术问题同成本、周期与质量联系起来，了解产品的生命周期及其技术要求，在技术问题上能广开思路，考虑技术问题时全面细致，即使不是技术专家也能评价技术问题的是非	处理经营问题时会从技术层次出发，能准确地评价不同的采购员所需要的不同技术要求，保证员工的技术知识不断更新
工业意识	指能将采购方针与战略定位在内外部工业环境下，能理解工业生产的组织与运作方式及特点	基本掌握所购原料或零部件的工艺及制作，了解供应商的生产潜力和相关的技术能力，了解供应商的基本成本构成	能详细分析所购原料或零部件的价格构成，了解挖掘降低成本的潜力所在，促使供应商不断缩短生产时间、改进供应周期、提高供应的灵活性进而实施"即时供应"	能充分了解供应商及自己的制造能力，恰当地做出自制或外协决定，影响供应商为自己投资以发展长期的合作伙伴关系，保证相关员工具有相应的工业知识

第20章 铺就职业成长之路

20.4　以细节致胜——成就优秀

20.4.1　工作要有计划

在每一天工作结束前，采购员最好是想一想还有什么工作没完成，明天的主要工作是什么，然后为第二天制订好计划。很重要的工作或工作较多，就记录下来，逐个处理。把重要的、紧急的工作优先安排。

20.4.2　做事要专注投入

对于采购员来说，专注投入相当重要，因为，采购员必须要利用更多的时间去了解市场趋势与发掘更多的供应商，必须常常加班，尤其是生产的旺季。除此之外，采购员还必须协助高层主管规划采购策略。因此，在每年开始时都会特别的忙碌，采购员必须毫无怨言地投入其中。

20.4.3　具备良好的职业道德和端庄的仪表形态

采购是企业中较为敏感的职业，要想成为一名优秀的职业采购员，必须具备良好的职业道德和端庄的仪表形态。

有些供应商总会想办法以金钱或其他方式来诱惑采购员，以达到其销售目的。采购员若无法把持，可能会不自觉地掉入供应商的陷阱而不能自拔，进而任由供应商摆布。

采购员要做到清正廉洁，必须自觉构筑思想防线，进行自我约束、自我规范、自我控制，在工作中要做到公平正直，没有偏袒，不掺杂个人的主观意愿；对供应商要做到一视同仁，不得有任何歧视性的条件和行为。

在注重职业道德的同时应该提升本身的职业技能，一名好的采购员必须要做到"脑勤""手勤""腿勤""眼勤"。

采购员是企业整体的一分子，代表着企业形象，在穿着上要得体、大方、整洁，在态度上要热情、友好，不蔑视对手，不以势压人，树立自己专业的谈判形象，强化企业形象，提升自己的谈判地位。

20.4.4　用热忱点燃工作激情

如果采购员对工作缺乏热忱，只知道推诿逃避、阳奉阴违，将很快步入险境。不仅如此，还可能割断了自己与企业联系起来的纽带。对工作充满热忱的人，不但可以提升自己的工作业绩，而且可以给自己带来许多意想不到的成果。

热忱的态度是做任何事的必要条件，任何人只要具备了这个条件，都能获得成功，能使他的事业飞黄腾达。

（1）保持高度的热忱。热忱是一个人保持高度的自觉，把全身的每一个细胞都激活起来，完成他心中渴望的事情；是一种强劲的情绪，一种对人、事物和信仰的强烈情感。在工作中需要注入巨大的热忱，只有热忱才能取得工作的最大价值，取得最大的成功。

实例 ▶▶▶

> 鲍威尔是一家公司的采购员，他工作非常勤奋，有一种近乎狂热的热忱。他所在的部门并不需要特别的专业技术，只要能满足其他部门的需要即可，但鲍威尔总是千方百计找到供货最便宜的供应商，买进上百种公司急需的货物。
>
> 鲍威尔兢兢业业地为公司工作，节省了许多资金，这些成绩是大家有目共睹的。在他29岁那年，也就是他被指定采购公司定期使用的1/3的产品的第一年，他为公司节省的资金已超过80万美元。
>
> 公司副总经理知道这件事后，马上就增加了鲍威尔的薪水。鲍威尔在工作上的刻苦努力博得了高级主管的赏识，使他在36岁时成为这家公司的副总裁，年薪超过50万美元。

对于职业人而言，采购员应正确地认识自身价值和能力以及社会责任，当采购员对自己的工作有兴趣、感到个人潜力得到发挥时，就会产生一种肯定性的情感和积极的态度，把自觉自愿承担的种种义务看作是"应该做的"，并产生一种巨大的精神动力。即使在各种条件比较差的情况下，也不会放松自己的要求，反而会更加积极主动地提高自己的各种能力，创造性地完成自己的工作。

在工作时，如果采购员能以火焰般的热情充分发挥自己的特长，那么无论做什么样的工作，都不会觉得辛劳。热忱是实现工作理想最有效的工作方式，用热忱来点燃自己的工作，即便是最乏味的事情，也会变得富有生趣。很难想象，一个没有丝毫热忱的人会很好地完成自己的工作。采购员应该学会用热忱去点燃自己的工作！

（2）把内心的热忱释放出来。每个人的内心深处都有像火一样的热忱，却很少有人能将自己的热忱释放出来，大部分人都习惯于将自己的热忱深深地埋藏在内心深处。

缺乏热忱，你不但工作做不好，甚至还会因此付出惨痛的代价。其实，许多人在工作上之所以不太顺利甚至失败，主要是没有将自己的热忱释放出来。

就算工作不尽如人意，你也不要愁眉不展、无所事事，要学会掌控自己的情绪，激发自己的热忱，让一切都变得积极起来。其实这并不是一件很难做的事情，关键是要行动。

既然要在工作中倾注热忱，使工作成为有趣的事情，你就要从小事开始做起。凡事比别人先行一步，彻底改掉总跟在别人后面、做事总比别人慢一拍的坏习惯。

你积极主动地做事，以积极的态度全面想想自己工作的好处，坚信自己从事的事业，发掘那些积极的方面，就会促使自己行动起来。这有助于点燃你内心的热忱之火，热忱的火焰一旦点燃，自己下一步该做的就是不断"加柴"，保持火苗越来越大。

尽自己所能"每天多做一点"，这样的工作态度将使你具有一些优势。"每天多做一点"，工作可能就大不一样。尽职尽责完成自己工作的人，最多只能算是称职的员工，如果在自己的工作中"每天多做一点"，就可能成为优秀的员工。

 实例 ▶▶▶

有一家公司的采购文员，她的工作就是整理、撰写、打印一些采购材料。很多人都认为她的工作单调而乏味，但这位采购文员却不觉得，她觉得自己的工作很好，并认为检验工作的唯一标准就是你做得好不好，不是别的。

这位采购文员整天做着这些工作，做久了她发现公司的采购文件中存在着很多问题，甚至公司的一些经营运作方面也存在着问题。于是，她除了每天必做的工作之外，还细心地搜集一些资料，甚至是过期的资料。她把这些资料整理分类，然后进行分析，写出建议。为此，她还查询了很多有关经营方面的书籍。

最后，这位采购文员把打印好的分析结果和有关证明资料一并交给了领导。领导起初并没有在意，一次偶然的机会，领导读到了采购文员的这份建议。这让领导非常吃惊，这个年轻的采购文员竟然有这样缜密的心思，而且她的分析井井有条，细致入微。

后来，领导采纳了很多条这位采购文员的建议。领导很欣慰，他觉得有这样的员工是他的骄傲。当然，采购文员也被领导委以重任。这位采购文员觉得没必要这样，因为她觉得她只比正常的工作多做了一点点，但是领导却觉得她为公司做了很多很多。采购文员只是多做了一点点的努力，然而这一点点，却并不是每个人都能做到的。

如果采购员只把工作当作一件差事，那么就很难倾注你的热忱。而如果你把你的工作当作一项事业来看待，情况就会完全不同。

20.4.5　服务好自己的内外客户

采购过程实际上是一个服务的过程。一方面，在采购过程中着眼于长远利益，为供应商提供力所能及的服务，如提供信息、协助推销、介绍新客户等；另一方面，对企业内部来说，采购要为企业经营服务。

（1）服务好内部各部门。采购员应牢记，采购部是为各部门服务的，你工作得好坏可能直接关系到企业的信誉。所以，要想各部门所想、急各部门所急，热情真诚地为他们服务。

（2）用心为供应商提供服务。有人觉得，采购员是买方，应该是他们要服务好你才是，怎么反倒说要用心为供应商提供服务了呢？其实，供应商也是企业的客户，他们相当于流水生产线上的上道工序，如果你用心地为供应商服务，与供应商的合作就会更加顺畅，你在质量、交货期等方面就会省更多的心。

为了保证各供应商都能顺利地找到本公司的地址，可以提前电话沟通，为了更加便捷，还可以编写短信发给供货企业的联系人。对企业的送货员，可先发位置图的传真，甚至为了使他们少走冤枉路，可制作"名片"：3厘米长，5厘米宽，正面印着公司的地址详情、与供应商有关各职能部门的联系人和电话，背面印着地图。这些可由采购员自己设计，既可以服务于供应商，又大大提高了工作效率。

20.4.6　与各个部门建立好的关系

采购员如果不被认可，在内部办事的效率就会降低，表现在订单审批缓慢，财务付款拖沓，工程师和品管部对质量认可挑剔。内部做不好，直接影响到外部，供应商会认为你没能力独自做好，所以，在一些超出正常的紧急供货方面就会不愿意支持，付款条件也会比较苛刻，进一步导致内部矛盾不断加大。

提高采购部和采购员在企业内部的地位，直接关系到采购员的工作效果。一般情况下，采购员要拿出2/3的精力处理公司内部的问题，但还不一定做得好。采购员怎样才能被领导和同事认可呢？下面的一些经验可供参考。

（1）像一个专家一样去做采购。第一：专业上要有反击的办法。

实例▶▶▶

小王刚做采购员的时候，被品管部"刁难"过，因为他把品管部介绍的客户淘汰掉了，原因是这个客户在价格上欺骗了小王，小王的做人原则是不能容忍任何欺诈。不久，小王有一批货到公司内，被品管部退货，说化验指标比要求的少了0.5%。嘴仗打到总部派来的品控专家那里，专家说了一句："你们是怎么测出这0.5%的？我测不出。我只关注杂质中是否有有害物质。"

又有一次，买进口硅藻土，品管部投诉说型号hyflo11的好用，hyflo12的不好用。其潜台词是小王收了回扣，买回了次品。这次小王不争辩，非常沉得住气。直到他们闹到工程部经理那里。于是包括经理在内的一大群人一起到了品管部，当场拿出那不同型号的两袋硅藻土。小王指着12前面的英文字母说："这是批号的意思。"于是全场默然。

反击，就要当众反击，让领导知道有人刁难。

第二：专业知识、技术要好得让他们佩服。

 实例 ▶▶▶

小彭在一家公司当采购员的时候也受到过品管部的刁难。有一次香港来的博士小文到品管部指导工作，需要急购一批六水三氯化铁。小彭买回后，没一会儿，品管部经理慌慌张张地跑上来说："你买错了。"小彭于是跟品管部经理来到品管部。博士小文说："三氯化铁应该是黑色的，你买的是黄色的。"小彭说："没错，三氯化铁确实是黑色的，而且含量越高，颜色越深。但这是六水三氯化铁，就是黄色的。"博士小文还要说什么，小彭转身回到办公室，拿出他的三大册化工手册，翻到六水三氯化铁那一页送到品管部。品管部经理反应很快，客气地说："你把书借我们看一下，一会儿还你。"事后，品管部经理跟人说："小彭真聪明，不争不吵，回去拿本书过来。"

采购员要想具备好的专业知识，除了从书本上学习产品知识外，更关键的是要从供应商那里学习。

 实例 ▶▶▶

采购员小罗去拜访供应商，供应商出于招待客户的想法，一到办公室就问小罗怎么吃、怎么玩。小罗回答说："先让你的总工给我讲解工艺原理，然后再谈吃饭的问题。"往往总工一介绍就是半天或一天。供应商有时也摸不着头脑，怎么是这样一个采购员，倒像是一个工程师。